首都圏版⑬　**最新入試に対応！家庭学習に最適の問題集!!**

東京女学館小学校

2022年度版　過去問題集

<問題集の効果的な使い方>

①お子さまの学習を始める前に、まずは保護者の方が「入試問題」の傾向や、どの程度難しいか把握します。もちろん、すべての「学習のポイント」にも目を通してください

②各分野の学習を先に行い、基礎学力を養いましょう！

③「力が付いてきたら」と思ったら「過去問題」にチャレンジ！

④お子さまの得意・苦手がわかったら、その分野の学習を進め、全体的なレベルアップを図りましょう！

合格のための問題集

東京女学館小学校

記憶	1話5分の読み聞かせお話集①・②
制作	実践 ゆびさきトレーニング①・②・③
運動	新運動テスト問題集
行動観察	新ノンペーパーテスト問題集
面接	新小学校受験の入試面接Q＆A

2017～2021年度過去問題を掲載＋各問題にアドバイス付!!

日本学習図書 

家庭学習ガイド
東京女学館小学校

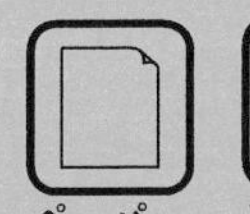

入試情報

応募者数：女子454名／ＡＯ型、一般
出題形態：ノンペーパー／ＡＯ型　ペーパー、ノンペーパー／一般
面　　接：保護者面接／ＡＯ型、一般
出題領域：志願者面接、行動観察（運動、制作）／ＡＯ型
ペーパー、行動観察、母子活動、運動、制作／一般

入試対策

当校では、ＡＯ型入試と一般入試を実施しています。ＡＯ型入試は、ペーパーテストがなく、志願者面接、行動観察（運動、制作）、推薦書、保護者面接で評価されます。保護者面接では、推薦書（推薦者、保護者）を掘り下げる質問が多いので、推薦者と記入する内容をよく話し合い、受験に対するご家庭の考えや入学の意欲をよく理解してもらってから記入していただくようにしてください。一般入試では、ペーパーテストとともに「母子活動」が行われます。母子が同時に課題に取り組むというユニークな内容ですが、これは、ふだんの母子間のコミュニケーションやご家庭内でのお子さまの様子を観るものです。その場でお子さまに指導することはできないので、お子さまとどのようなコミュニケーションをとり、どんな生活体験を積んできたかが問われることになります。

●AO型入試では、学校方針を充分に理解しているかが観られます。学校の教育方針や特色は必ず理解しておいてください。また、説明会や学校行事には積極的に参加し、学校の空気を実感しておきましょう。その上で、受験への考えや意欲を推薦者と話し合い、意思疎通を図ることが大切です。
●一般入試では、ペーパーのほか、制作（絵画）、運動、行動観察（母子活動）など、出題が多岐にわたっています。
●AO型入試合格者の辞退に対しては、厳しい対応をとると言われています。
●感染症予防対策として、マスクやフェイスシールド、パーテーションなどを使用して実施されます。

「東京女学館小学校」について

＜合格のためのアドバイス＞

当校は「国際社会で活躍する高い品性を備えた女性リーダーの育成」を目標に掲げています。質の高い教科指導を実施しつつ、主体性を持った日本女性として活躍する力を付けるため、特色あるカリキュラムで児童の人格形成を目指しています。

一般入試のペーパーテストは基礎問題中心ですが、志願者数に対する募集人数の少なさを鑑みると、取りこぼしはできません。確実に正解しておく必要があるでしょう。また、生活体験や親子間の関係が重視されていることから、親子やお友だちの会話を通じて、コミュニケーション能力を磨いていくようにしましょう。

行動観察の一環として、母子活動が行われています。例年、歌に合わせたダンスやポーズを考え、親子で発表するという課題が出されています。こうした課題では、保護者との関わり方など、ふだんの家庭での様子が表れてしまうものです。保護者に頼ってばかりにならないように、お子さまが自発的に行動するような意識付けを行っておきましょう。当校入試の特徴は、お子さまだけでなく、保護者の方にもコミュニケーション能力を求められ、母子だけでなく、保護者同士の関係も観られます。「母子の関係が円滑である家庭で育てられた子どもは、女学館小学校に入学するに値する」という思想が、試験全体からうかがうことができます。母子活動はもちろんのこと、面接や提出書類でも「よい家庭環境」を印象づけるように工夫してください。

ＡＯ型入試では、保護者の教育や学校に対する熱意が評価の対象になっています。学校説明会や行事には積極的に参加して、学校の取り組みをしっかり理解しておきましょう。推薦者の方と意見の相違があった際は、すり合わせをして、方針を一致させることも重要です。

〈2021年度選考〉

〈ＡＯ型入試〉
◆保護者面接
◆志願者面接　◆行動観察
〈一般入試〉
◆保護者面接
◆ペーパー　◆行動観察
◆母子活動　◆運動　◆制作

◇過去の応募状況

2021年度	女子454名
2020年度	女子438名
2019年度	女子436名

入試のチェックポイント

◇生まれ月の考慮…「あり」

〈本書掲載分以外の過去問題〉

◆巧緻性：リボンを使って、たすきがけをする。[2016年度]
◆巧緻性：運筆。[2015年度]
◆母子活動：お店屋さんごっこ。[2015年度]
◆図形：欠所補完。[2014年度]
◆常識：正しい動物のしっぽを選ぶ。[2014年度]
◆巧緻性：Ｔシャツをたたむ。[2014年度]

先輩ママたちの声！

◆実際に受験をされた方からのアドバイスです。
ぜひ参考にしてください。

東京女学館小学校

・ＡＯ型入試の面接では推薦書の内容について詳しく質問されました。夫婦間でよく話し合い、意思統一をした上で、推薦書の作成を依頼することが大切だと感じました。

・ＡＯ型入試で合格して辞退をすると、推薦者にも問い合わせをすることがあるそうなので、安易な気持ちでＡＯ型入試を選ばない方がよいと思います。

・ＡＯ型入試の保護者の推薦書を書くのが大変でした。書く項目がたくさんあり、それぞれに量があるので、しっかりとした準備が必要になります。

・面接では、当校ならではの教育方針を理解して賛同しているかを確認しているように感じました。独特の言葉で教育方針を打ち出しているので、そのキーワードを意識して面接に臨むとよいと思いました。

・面接はやさしい口調でしたが、こちらの答えに対しさらに質問されます。動揺しないように、しっかり準備しておくとよいと思います。

・一般入試で行われるペーパーテストは、それほど難しくなかったようです。

東京女学館小学校
過去問題集

〈はじめに〉

現在、少子化が叫ばれているにもかかわらず、私立・国立小学校の入学試験には一定の応募者があります。入試は、ただやみくもに学習するだけでは成果を得ることはできません。志望校の過去における出題傾向を研究・把握した上で、練習を進めていくこと、その上で試験までに志願者の不得意分野を克服していくことが必須条件です。そこで、本問題集は小学校を受験される方々に、志望校の出題傾向をより詳しく知って頂くために、過去に遡り出題頻度の高い問題を結集いたしました。最新のデータを含む精選された過去問題集で実力をお付けください。

また、志望校の選択には弊社発行の「**2022年度版　首都圏・東日本　国立・私立小学校　進学のてびき**」をぜひ参考になさってください。

〈本書ご使用方法〉

◆出題者は出題前に一度問題を通読し、出題内容などを把握した上で、〈**準　備**〉の欄に表記してあるものを用意してから始めてください。
◆お子さまに絵の頁を渡し、出題者が問題文を読む形式で出題してください。問題を読んだ後で、絵の頁を渡す問題もありますのでご注意ください。
◆「**分野**」は、問題の分野を表しています。弊社の問題集の分野に対応していますので、復習の際の目安にお役立てください。
◆一部の描画や工作、常識等の問題については、解答が省略されているものがあります。お子さまの答えが成り立つか、出題者が各自でご判断ください。
◆〈**時　間**〉につきましては、目安とお考えください。
◆解答右端の［**〇年度**］は、問題の出題年度です。［**2021年度**］は、「2020年の秋から冬にかけて行われた2021年度入学志望者向けの考査で出題された問題」という意味です。
◆**学習のポイント**は、指導の際にご参考にしてください。
◆【**おすすめ問題集**】は各問題の基礎力養成や実力アップにご使用ください。

〈本書ご使用にあたっての注意点〉

◆文中に **この問題の絵は縦に使用してください。** と記載してある問題の絵は縦にしてお使いください。
◆〈**準　備**〉の欄で、クレヨンと表記してある場合は12色程度のものを、画用紙と表記してある場合は白い画用紙をご用意ください。
◆文中に **この問題の絵はありません。** と記載してある問題には絵の頁がありませんので、ご注意ください。なお、問題の絵の右上にある番号が連番でなくても、中央下の頁番号が連番の場合は落丁ではありません。
下記一覧表の●が付いている問題は絵がありません。

問題1	問題2	問題3	問題4	問題5	問題6	問題7	問題8	問題9	問題10
●		●			●	●			
問題11	問題12	問題13	問題14	問題15	問題16	問題17	問題18	問題19	問題20
		●	●		●		●	●	
問題21	問題22	問題23	問題24	問題25	問題26	問題27	問題28	問題29	問題30
				●					
問題31	問題32	問題33	問題34	問題35	問題36	問題37	問題38	問題39	問題40
問題41	問題42	問題43	問題44	問題45	問題46	問題47	問題48		
	●		●				●		

〈東京女学館小学校〉

◎学習効果を上げるため、前掲の「家庭学習ガイド」及び「合格のためのアドバイス」をお読みになり、各校が実施する入試の出題傾向を、よく把握した上で問題に取り組んでください。
※冒頭の「本書ご使用方法」「本書ご使用にあたっての注意点」も併せてご覧ください。

2021年度の最新問題

問題1　分野：志願者面接／ＡＯ型入試

〈準備〉　なし

〈問題〉　**この問題の絵はありません。**
・お名前を教えてください。
・誕生日を教えてください。
・お父さま、お母さまの名前を教えてください。
・兄弟（姉妹）はいますか。名前を教えてください。
・兄弟（姉妹）と何をして遊んでいますか。
・お家でどんなお手伝いをしていますか。
・今日の朝は何を食べましたか。
・あなたが好きな食べ物は何ですか。
・あなたが好きなことは何ですか。
・習い事は何をしていますか。いつから習っていますか。
・あなたが好きな恐竜は何ですか。どんなところが好きですか。

〈時間〉　10分程度

問題2　分野：行動観察（運動、制作）／ＡＯ型入試

〈準備〉　紙飛行機用の折り紙

〈問題〉　【運動】
①２人組になって、並んでスキップをして、コースを１周。
②片足跳び、アザラシ歩き、クマ歩き、クモ歩きでコースを１周（指示によって歩き方を変える）。
③数人ずつ横に並んで、「よーいどん」の合図でコースを１周かけっこする。
④先生の動きを真似して、腕を伸ばしたり、膝を曲げたりする。

【制作】
先生が折っているのを見ながら、いっしょに紙飛行機を折りましょう。紙飛行機ができたら、決められた線からみんなで飛ばして遊んでください。遊び終わったら、先生にプレゼントしましょう。

【行動観察】
みんなで「だるまさんがころんだ」をしましょう。

〈時間〉　適宜

問題3　分野：行動観察（生活常識）／一般入試

〈準備〉　雑巾、バケツ、レシピカードゲームのカード
※レシピカードゲームはカードに指定されているレシピの食材が描かれたカードを集めるゲームです。

〈問題〉　**この問題の絵はありません。**
（4人のグループで行う）
①グループで相談をして、どこを雑巾がけするか決めてください。
②決まった場所を雑巾がけしてください。
③雑巾がけが終わったら、雑巾をバケツで洗ってから絞り、干してください。

（6人のグループで行う）
グループで、レシピカードゲームで遊んでください。

〈時間〉　適宜

問題4　分野：運動／一般入試

〈準備〉　リボン、コーン、ゴムボール（野球ボールサイズ）

〈問題〉　**この問題は絵を参考にしてください。**
①リボンを腰に巻いて、背中で固結びをしてください。
②走る、スキップ、片足跳びなどで、コーンを回って戻ってきてください。
③できるだけボールを遠くに投げてください（2回）。
④リボンを先生に返してください。

〈時間〉　適宜

問題5　分野：巧緻性／一般入試

〈準備〉　クーピーペン

〈問題〉　①点線を桃色のクーピーペンできれいになぞって、絵を描いてください。
②2匹のコアラを緑のクーピーペンでていねいに塗ってください。

〈時間〉　適宜

問題6　分野：行動観察（母子活動）／一般入試

〈準備〉　なし

〈問題〉　**この問題の絵はありません。**
①先生といっしょに「パンダ・ウサギ・コアラ」の手遊びをします。次に、真似をする動物を変えて、ポーズを自分で考えてください。3回目は親子でいっしょに手遊びをしてください。何の動物に変えるかは親子で考えてください。
②（2人1組で行う。母親のみ）
どんなジェスチャーを行うか相談し、課題を作ってください。
③②で相談した課題をお子さまに見せてください。
④あなたはお母さん（お父さん）が何の動物のまねをしているかあててください。

〈時間〉　適宜

問題7　分野：制作／一般入試

〈準備〉　画用紙、マスキングテープ（数種類）

〈問題〉　**この問題の絵はありません。**
「あなたが見たことがない動物は、どんな動物ですか」
マスキングテープを使って、画用紙に描いてみてください。

〈時間〉　15分

問題8　分野：数量（選んで数える）／一般入試

〈準備〉　クーピーペンシル

〈問題〉　**この問題の絵は縦に使用してください。**
真ん中の四角を見てください。☆（星）は全部で３個あります。周りの細長い四角の☆のところには○が３個書いてあります。このように、真ん中の四角の中に記号がいくつあるかを数えて、同じ記号が書いてある周りの細長い四角に、その数だけ○を書いてください。色の濃さが違うものは数えません。

〈時間〉　２分

問題9　分野：数量（比較）／一般入試

〈準備〉　クーピーペンシル

〈問題〉　真ん中の四角と同じものが、同じ数だけ入っている四角を、右と左の四角から選んで○をつけてください。

〈時間〉　各30秒

問題10　分野：図形（同図形探し）／一般入試

〈準備〉　クーピーペンシル

〈問題〉　女の子と男の子が、それぞれ上の四角の中のような絵を描きました。２人が描いた絵と同じものを下から探し、女の子と同じものには○を、男の子と同じものには△をつけてください。

〈時間〉　30秒

問題11　分野：推理（系列）／一般入試

〈準備〉　クーピーペンシル

〈問題〉　絵や形が約束の順番に並んでいます。『？』に入る絵や形はどれですか。右から選んで○をつけてください。

〈時間〉　１分

問題12　分野：複合（お話の記憶・推理）／一般入試

〈準 備〉　クーピーペンシル

〈問 題〉　お話を聞いて、後の質問に答えてください。お話を聞く時は、プリントを裏返してください。

みちこさんの家は、お父さんとお母さんとさちこさんの４人家族です。ある日曜日の朝、みちこさんは６時に目を覚まし、隣で寝ているさちこさんを起こさないよう、静かに着替えて台所に行くと、お母さんが包丁でトマトを切っているところでした。みちこさんは、「きょうの朝ごはんは何かしら？」とお母さんに聞くと、「ベーコンと目玉焼き、トマトとレタスのサラダ、それにパンとオレンジジュースよ」と教えてくれました。みちこさんは、「お手伝いをするわ」と言って、テーブルをきれいに拭いたあと、お皿をテーブルに並べ、最後にパンをトースターに入れました。しばらく経って、パンの焼けたいい匂いがし始めた頃、お父さんが、「おはよう」と言って起きてきました。そしてさちこさんも起きてきました。お父さんは、食後に食べるバナナを取りに台所に行きましたが、どこにも見あたらなかったようで、代わりにリンゴとブドウを持ってきて、「ブドウを洗うのを手伝ってくれないか」と、みちこさんとさちこさんに言いました。２人は元気に、「はーい」と言ってブドウを洗い、ガラスのお皿に盛りつけました。食事の用意ができたので、家族揃って、「いただきます」と言って朝ごはんを食べました。

プリントを表に返しましょう。
正しいことを言っているのはどの動物でしょうか。選んで○をつけてください。

①お母さんの切っていたものは何でしょうか。
・ブタが言いました。「トマトだよ」
・ゾウが言いました。「レタスだよ」
・ウサギが言いました。「リンゴだよ」
・ライオンが言いました。「バナナだよ」
②みちこさんが焼いたものは何でしょうか。
・ブタが言いました。「ベーコンだよ」
・ゾウが言いました。「目玉焼きだよ」
・ウサギが言いました。「パンだよ」
・ライオンが言いました。「ハンバーグだよ」
③お父さんが台所から持ってきたものはんでしょうか。
・ブタが言いました。「バナナとリンゴだよ」
・ゾウが言いました。「リンゴとトマトだよ」
・ウサギが言いました。「ブドウとバナナだよ」
・ライオンが言いました。「リンゴとブドウだよ」
④みちこさんとさちこさんが洗った果物は何だったでしょうか。
・ブタが言いました。「バナナだよ」
・ゾウが言いました。「リンゴだよ」
・ウサギが言いました。「ブドウだよ」
・ライオンが言いました。「リンゴとブドウだよ」

〈時 間〉　各20秒

問題13　分野：保護者面接／ＡＯ型入試、一般入試

〈準備〉　なし

〈問題〉　**この問題の絵はありません。**

【ＡＯ型入試】
・本校への入学を考えることになったきっかけを教えてください。
・昨今のコロナ禍の中、お子さまとどのように過ごされていますか。
・お子さまは周りからどのようなお子さまだと言われていますか。
・お子さまの長所と短所を教えてください。
・お子さまがお父さまと似ているのはどんなところですか。
・本校に入学したら、お子さまにはどのように育ってほしいですか。
・お父さまとお母さまが子育てをされる際、譲れないことはどんなことですか。

【一般入試】
・本校をどこでどのように知りましたか。
・数ある私立小学校の中で、本校を選んでいただいた理由は何ですか。
・お子さまが現在通われている保育園、または幼稚園についてお話ください。
・お子さまが保育園、または幼稚園でけんかをしたと聞いたら、どうなさいますか。
・急病等で学校から急な呼び出しがあった際、どのように対応なさいますか。
・お仕事がお休みの際、お子さまとどのように過ごされていますか。
・今まで家族で出かけて印象に残っている場所はどこですか。それはどうしてですか。
・昨今のコロナ禍で外出があまりできないと思いますが、お子さまに変化は見られましたか。それはどんなことですか。
・お子さまは家で手伝いをされますか。どんなお手伝いですか。

〈時間〉　20分程度（ＡＯ型）、10分程度（一般）

〈解答〉　省略

問題2

②片足跳び、アザラシ歩き、クマ歩き、クモ歩きでコースを一周する。

④先生の動きを真似して、腕を伸ばしたり膝を曲げたりする。

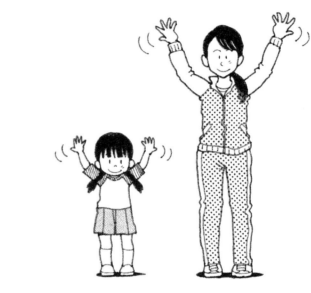

問題4

①リボンを腰に巻いて背中で固結びをする。

②走る、スキップ、片足跳びなどで、コーンを回って戻ってくる。

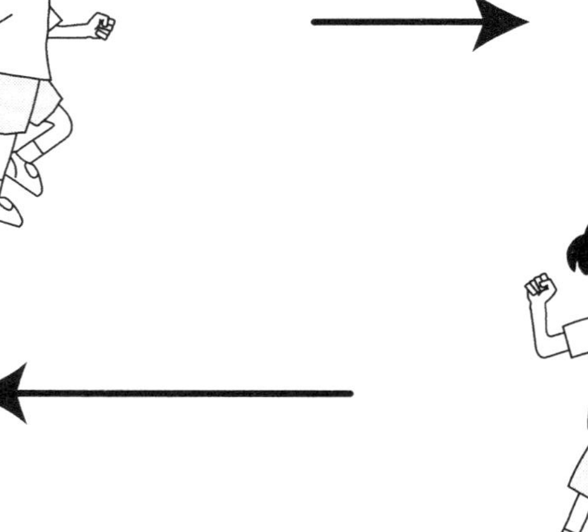

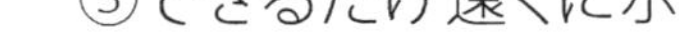

③できるだけ遠くにボールを投げる。

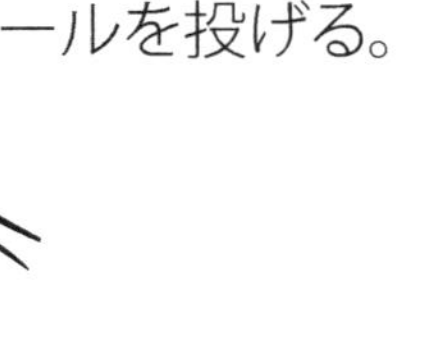

問題5

問題8

問題9

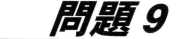

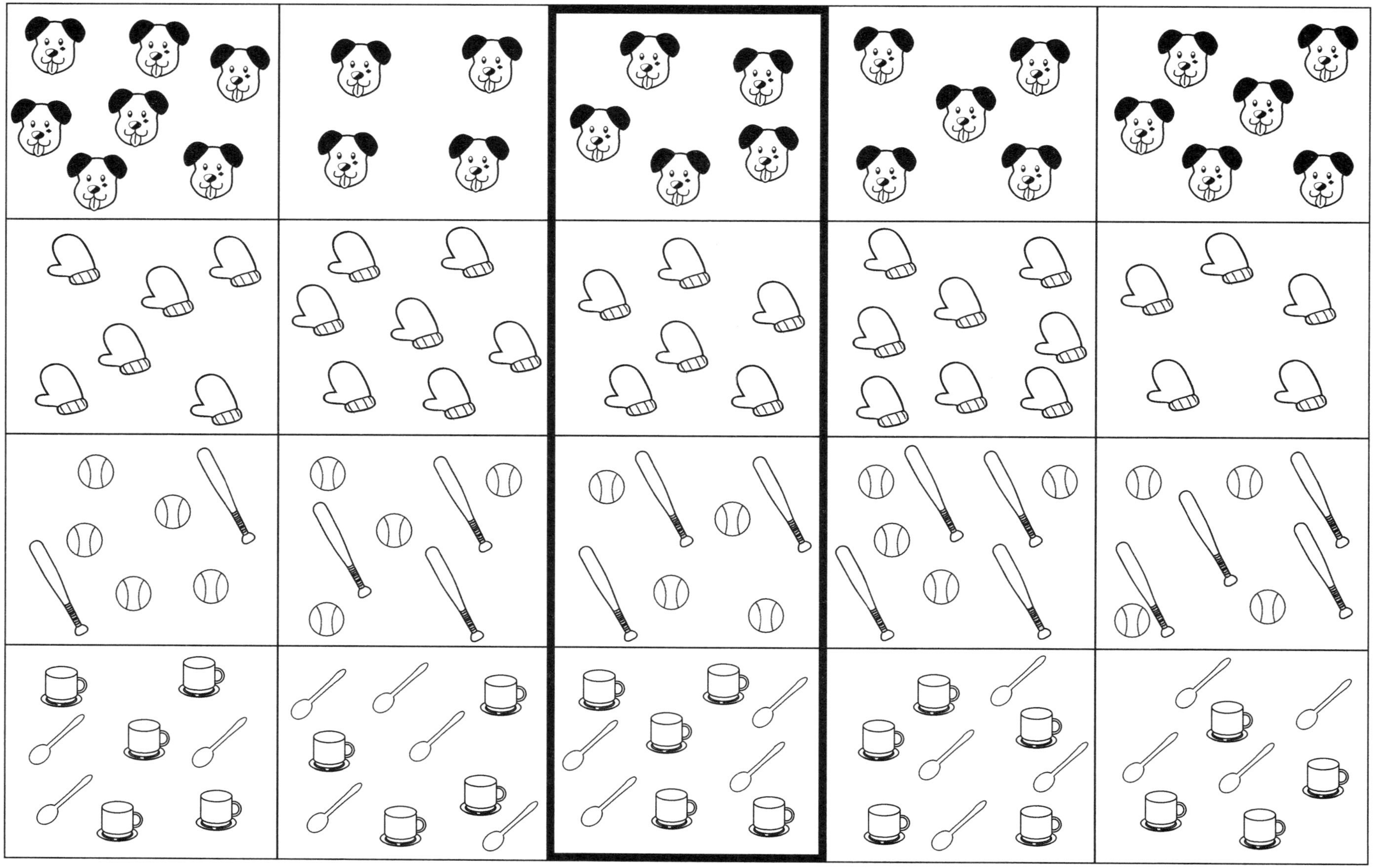

問題１０

問題１１

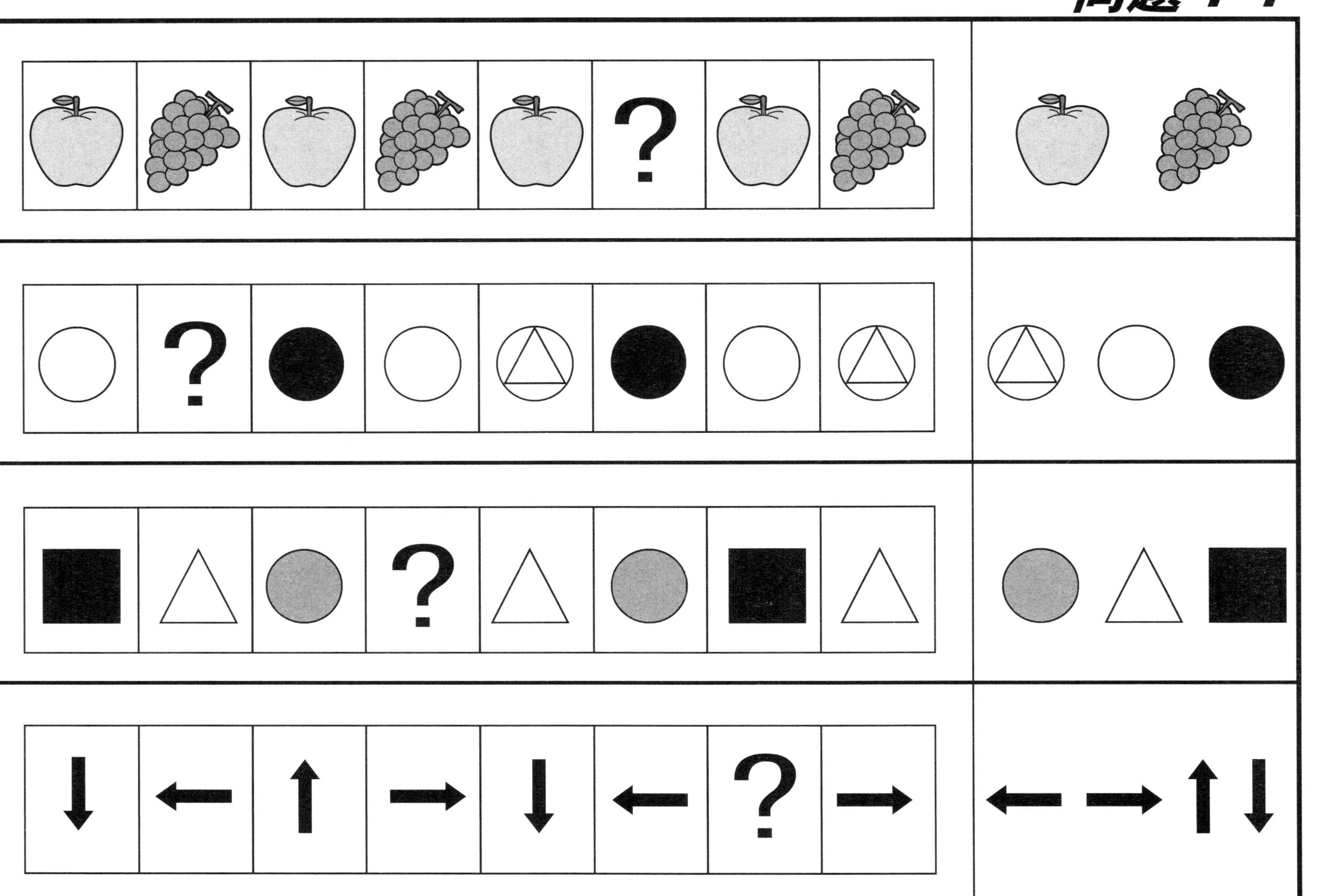

問題１２

①

②

③

④

2022年度入試
解答例・学習アドバイス

解答例では、制作・巧緻性・行動観察・運動といった分野の問題の答えは省略しています。こうした問題では、各問のアドバイスを参照し、保護者の方がお子さまの答えを判断してください。

問題1　分野：志願者面接／ＡＯ型入試

〈解答〉　省略

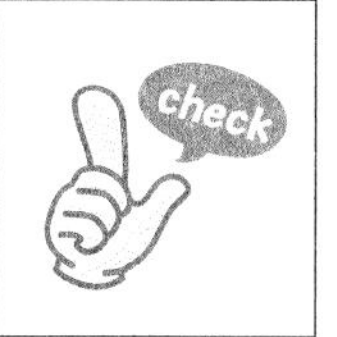

当校のＡＯ入試では、考査日当日は志願者のみに面接が行われます。志願者面接はお子さま自身のことや家族との関係に関する質問がほとんどですので、特別な対策の必要はありません。面接官と正対して着席するという面接ではなく、ついたてを挟んで設置された２ヵ所の面接場所を順に進んでいくという形で行われるため、かしこまった面接と言うよりも、口頭試問に近いものと考えてください。回答も質問に沿った内容なら問題ありません。面接官が理解できないような、よほど突拍子もないものでない限り、マイナス評価にはならないでしょう。例年似ている質問が多く出題されますが、保護者の方は、台本を用意するかのように、あらかじめ答えを用意するということをせず、お子さまが自分の言葉で回答できるようにうながしてください。感染症対策でマスクやフェイスシールドを用いての面接という非日常の上、台本があると、お子さまはその答えに縛られてしまい、スムーズな会話ができなくなるかもしれません。

【おすすめ問題集】
面接テスト問題集、新口頭試問・個別テスト問題集

家庭学習のコツ①　「先輩ママのアドバイス」を読みましょう！

本書冒頭の「先輩ママのアドバイス」には、実際に試験を経験された方の貴重なお話が掲載されています。対策学習への取り組み方だけでなく、試験場の雰囲気や会場での過ごし方、お子さまの健康管理、家庭学習の方法など、さまざまなことがらについてのアドバイスもあります。先輩ママの体験談、アドバイスに学び、ステップアップを図りましょう！

問題2　分野：行動観察（運動、制作）

〈解 答〉　省略

本問は、運動や制作を含めた行動観察という形で行われています。行動観察は一般的にグループでの課題が多く、協調性が大きな観点になることが多いのですが、当校のＡＯ型入試では、協調性はそこまでのウエイトは占めていません。本問で観られているポイントは、指示を聞いて、それを守れているかどうかということです。その意味では、本問の課題に取り組む際には、指示行動がしっかりできているかを意識すればよいということになります。個々の課題は難しいものではありませんし、課題の達成度が評価を左右するということもありません。課題の出来不出来よりも、課題に取り組む姿勢の方が重要なのです。

【おすすめ問題集】
実践　ゆびさきトレーニング①・②・③、新運動テスト問題集
Ｊｒ・ウォッチャー23「切る・貼る・塗る」、28「運動」、29「行動観察」

問題3　分野：行動観察（生活常識）／一般入試

〈解 答〉　省略

入学後の掃除の時間をシミュレーションしているような課題です。掃除は学校だけではなく、ご家庭でも行っているので、お家でどのように雑巾を扱い、どこを掃除するか、使用した雑巾をどのようにきれいにして干しているかは、お手伝いをしていれば迷うことはないはずです。雑巾をバケツで洗って絞る際に、ただ水につけているだけだったり、水滴が垂れるほどの状態でうまく絞れていなかったりしたら、お手伝いをしていないことがわかってしまいます。ふだん目にしていることでも、意識をして実際に取り組んでみなければ身に付かないことが多くあります。小学校受験の対策のためにペーパー学習にウエイトを置きがちになってしまいますが、身近な生活体験を積み重ねることも大切だと理解しておいてください。

【おすすめ問題集】
新口頭試問・個別テスト問題集、新ノンペーパーテスト問題集、
Ｊｒ・ウォッチャー12「日常生活」、29「行動観察」、56「マナーとルール」

問題4　分野：運動／一般入試

〈解 答〉　省略

リボンを後ろで固結びをしたり、遠投をしたりとふだん行わないことをするので、少々難しく感じるお子さまもいらっしゃる課題かもしれません。この課題も出来不出来が評価につながるわけではありません。上手にできなくても、すぐにやり直したり工夫したりして行う姿勢が見せられたら、充分な評価を得ることができるでしょう。わからないことや難しい課題に対しても、諦めることなく最後までやりぬくという気持ちを持つようにこころがけてください。運動が苦手でも、そうしたところはきちんと評価してくれます。運動の課題が終わると安心して気が緩むところではありますが、リボンを先生に返すところまでが課題です。先生に返す際は、たたんで先生に渡すことを忘れないようにしましょう。

【おすすめ問題集】
新運動テスト問題集、Jr・ウォッチャー28「運動」

問題5　分野：巧緻性／一般入試

〈解 答〉　省略

本問はクーピーペンシルを使用して行われます。小学校受験では、鉛筆やクレヨン、サインペン、マジックペンなど、さまざまな筆記用具が使用されますが、筆記用具によって、持ちやすさや書きやすさ、線の太さなどの違いがあります。そのため、お絵描き遊びなどを通して、さまざまな筆記用具に慣れておくことが大切です。線をなぞる、色を塗るという作業自体は難しいものではありません。しかし、簡単な作業でも集中して行いましょう。周囲の状況に気を取られず、課題にどれだけ集中できるかということも本問の観点と言えます。点線の上や絵からはみ出さないことは当然です。そのほかにも、線の濃さを一定に保ったり、はみ出さずに上手に線を引くために線を引く速度の調節をしたりするなどの工夫をすれば、筆記用具の使い方が上達します。

【おすすめ問題集】
Jr・ウォッチャー51「運筆①」、52「運筆②」

問題6　分野：行動観察（母子活動）／一般入試

〈解 答〉　省略

この親子活動の課題では、お子さまが楽しめる試験を行うという当校の特徴がはっきり表れています。そのため、ジェスチャーするなら、恥ずかしがることなく、思い切って行いましょう。しかし、親子で楽しむというだけではなく、保護者同士のコミュニケーションというのも評価の観点の１つとなっています。どんなジェスチャーにするか、それを保護者の方が上手に表現できるかどうかは関係ありません。学校が観ているのは、親子間、保護者間で普通にコミュニケーションがとれているかということです。

【おすすめ問題集】

Ｊｒ・ウォッチャー29「行動観察」

問題7　分野：制作／一般入試

〈解 答〉　省略

マスキングテープと画用紙を使い制作する一見楽しそうな課題です。だからと言って、好きな動物を制作してはいけません。「見たことがない動物」という指示を理解し、テーマに沿った動物を作るようにしましょう。ただし制作した作品のクオリティを問われているわけではないので、何の動物かがわかれば充分です。なお、制作の途中に、作品について質問されます。その時に自分が制作している作品について説明できると高評価につながるので、自分の言葉で伝わるように説明できるように練習しておきましょう。

【おすすめ問題集】

Ｊｒ・ウォッチャー22「想像画」、24「絵画」

家庭学習のコツ②　「家庭学習ガイド」はママの味方！

問題演習を始める前に、試験の概要をまとめた「家庭学習ガイド（本書カラーページに掲載）」を読みましょう。「家庭学習ガイド」には、応募者数や試験科目の詳細のほか、学習を進める上で重要な情報が掲載されています。それらの情報で入試の傾向をつかみ、学習の方針を立ててから、対策学習を始めてください。

問題8　分野：数量（選んで数える）／一般入試

〈解答〉　丸／○：2、四角／○：5、三角／○：5、楕円／○：5、十字／○：4

本問は、たくさんあるものの中から特定のものを選ぶ、シンプルな「選んで数える」です。選んだものの数を、周りにある解答欄に○で示していくという独特な解答形式なので、一見すると難しく感じるかもしれませんが、落ち着いて取り組めばさほど難しくはないです。1つひとつの形を順番に探していき、今何を数えているかを忘れないように、数え終わったものにチェックをしていくなどの工夫をすればミスも防げます。対策をする際には、少ない種類・少ない数から練習をしていき、少しずつ数えるものの種類や数を増やしていくと、慌てることなく数えられるようになるでしょう。

【おすすめ問題集】

Ｊｒ・ウォッチャー14「数える」、37「選んで数える」

問題9　分野：数量（比較）／一般入試

〈解答〉　下図参照

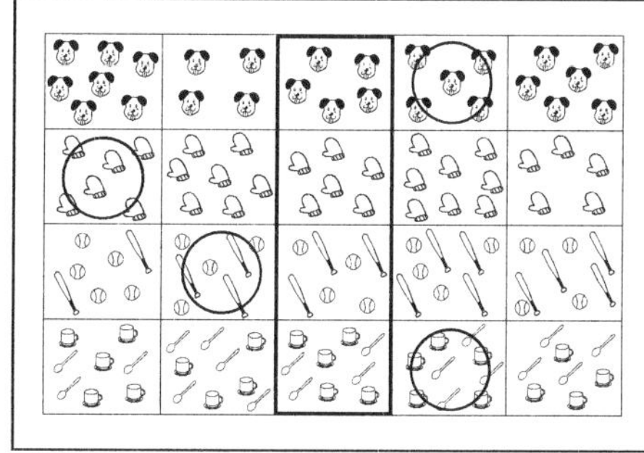

本問のように同数のものを探す問題は、１つひとつ落ち着いて取り組んでいけば、さほど難しくはないです。しかし、時間制限があるため、素早く正確に数える練習は必要です。特に数が多くなればなるほど、数えている間に基準になる数を忘れてしまったり、数えるものが複数あったりすると難しく感じてしまうかもしれません。対策をする際には、まずは数えるものの種類を１種類から始めてみて、少しずつ種類を増やしていくといいでしょう。おはじきやブロックなどの具体物を使って練習すれば、慣れてきます。日々の練習がそのまま正答率に反映される問題です。

【おすすめ問題集】

Ｊｒ・ウォッチャー14「数える」、15「比較」、36「同数発見」、
37「選んで数える」、58「比較②」

問題10　分野：図形（同図形探し）／一般入試

〈解答〉　下図参照

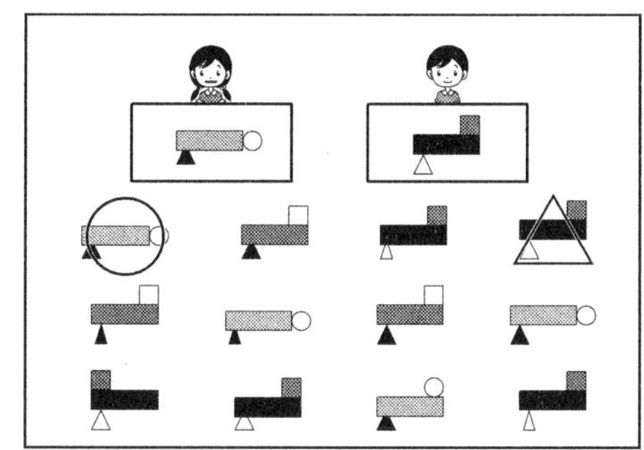

本問は、図形分野の中でも頻出の、同図形探しの問題です。○や△や□が組み合わされているだけではなく、重なり方や色にも気を付けて探さなければならないため、図形の全体像を捉えながら同図形を探す必要があります。また、同じイラスト内から2種類の図形を探すため、2つを同時に探そうとするとミスにつながります。落ち着いて1つひとつを探すようにしてください。当校ではさまざまな種類の図形分野の問題が出題されていますので、対策としては、ペーパーだけでなく、ふだんからパズルや積み木に取り組むと、より一層全体像をつかむ力が身に付くでしょう。

【おすすめ問題集】
Jr・ウォッチャー4「同図形探し」

家庭学習のコツ③　効果的な学習方法～問題集を通読する

過去問題集を始めるにあたり、いきなり問題に取り組んではいませんか？　それでは本書を有効活用しているとは言えません。まず、保護者の方が、すべてを一通り読み、当校の傾向、ポイント、問題のアドバイスを頭に入れてください。そうすることにより、保護者の方の指導力がアップします。また、日常生活のさまざまなことから、保護者の方自身が「作問」することができるようになっていきます。

問題11　分野：推理（系列）／一般入試

〈解 答〉　下図参照

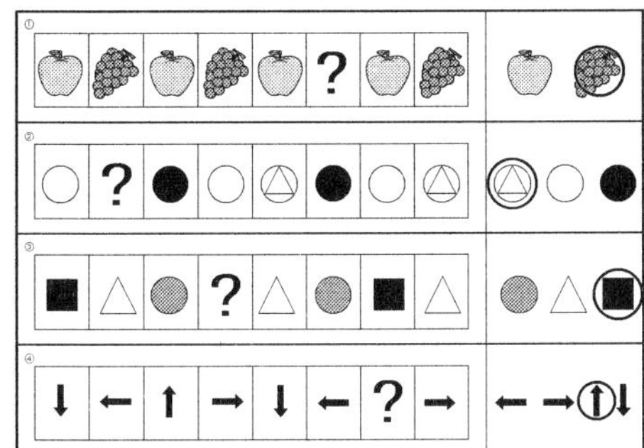

当問は系列の基礎の問題です。並べられている絵や記号の繰り返しが比較的短いことが特徴です。そのためあまり難しくはないのですが、気を抜いて行うと間違えてしまうので、指を使っていねいに確認していくことが大切でしょう。系列全体を俯瞰し、その規則性を発見するという論理的思考力は小学校入学後には必要になるものです。しかし、最初から俯瞰し規則性を探るというのは難しいので、まずは１つひとつ正確に捉えるところからはじめ、そこに規則性を発見できるように応用力や思考力を養ってください。

【おすすめ問題集】
Ｊｒ・ウォッチャー６「系列」

問題12　分野：複合（お話の記憶・推理）／一般入試

〈解 答〉　①ブタ　②ウサギ　③ライオン　④ウサギ

当校のお話の記憶の問題は、お話も短く基本的な問題がほとんどです。登場人物や食べ物などが複数出てくるため難しく感じるかもしれませんが、「いつ」「誰が」「何を」といった基本的なところを押さえながら記憶をしていけば難なく答えられるでしょう。また、日常生活がテーマとなったお話が多いようです。そのため、ふだんの生活体験や家でのお手伝いが記憶に直結するので、そのような点も測っているということでしょう。しかし、出題のパターンが途中で変わることも想定されます。対策としては、知識を積み重ねるだけではなく、親子間でコミュニケーションを取り、１日の出来事を振り返ったり、たくさんお話をしたりすることが大事でしょう。

【おすすめ問題集】
１話５分の読み聞かせお話集①・②、お話の記憶　初級編・中級編

問題13　分野：保護者面接／AO型入試、一般入試

〈解答〉　省略

面接は、ＡＯ型、一般ともに、面接官１名に対して保護者２名で行われます。志望動機や教育方針についての質問は、母親だけではなく父親にもあるので、矛盾が生じないように話し合いをしておきましょう。当校では、父親の意志や希望も評価の対象になっています。例年は、学校行事や説明会参加の感想が聞かれていましたが、休日や家庭での過ごし方についての質問も見られるようになりました。保護者の方も在宅の機会が増えていると思いますので、その際にはお子さんとのコミュニケーションの時間を大切にし、お子さんの心情や行動を把握しておくといいでしょう。さらに、ＡＯ型入試では願書提出時に保護者の方が推薦文を書かなければなりません。推薦書には「保護者の自己紹介」「当校の教育がすぐれていると考える理由」「当校受験を考えるきっかけ」「教育方針」などの８項目があります。これらを引用した質問がされますので、保護者の推薦書は重要な意味を持ちます。

【おすすめ図書】
　新小学校受験の入試面接Ｑ＆Ａ、入試面接最強マニュアル

家庭学習のコツ④　効果的な学習方法～お子さまの今の実力を知る

１年分の問題を解き終えた後、「家庭学習ガイド」に掲載されているレーダーチャートを参考に、目標への到達度をはかってみましょう。また、あわせてお子さまの得意・不得意の見きわめも行ってください。苦手な分野の対策にあたっては、お子さまに無理をさせず、理解度に合わせて学習するとよいでしょう。

東京女学館小学校　専用注文書

年　　月　　日

合格のための問題集ベスト・セレクション

＊入試頻出分野ベスト３

1st 行動観察：聞く力　協調性

2nd 面　接：話す力　聞く力

3rd 記　憶：聞く力　集中力

ＡＯ型の課題は、行動観察（運動、制作）、志願者面接、保護者面接。一般の課題は、ペーパー、行動観察、母子活動、運動、制作、保護者面接。面接を含めた、ノンペーパーが重視される傾向にある。

分野	書　名	価格(税込)	注文	分野	書　名	価格(税込)	注文
図形	Ｊｒ・ウォッチャー４「同図形探し」	1,650 円	冊	数量	Ｊｒ・ウォッチャー 38「たし算・ひき算１」	1,650 円	冊
推理	Ｊｒ・ウォッチャー６「系列」	1,650 円	冊	数量	Ｊｒ・ウォッチャー 39「たし算・ひき算２」	1,650 円	冊
数量	Ｊｒ・ウォッチャー 14「数える」	1,650 円	冊	数量	Ｊｒ・ウォッチャー 41「数の構成」	1,650 円	冊
言語	Ｊｒ・ウォッチャー 17「言葉の音遊び」	1,650 円	冊	巧緻性	Ｊｒ・ウォッチャー 51「運筆①」	1,650 円	冊
言語	Ｊｒ・ウォッチャー 18「いろいろな言葉」	1,650 円	冊	巧緻性	Ｊｒ・ウォッチャー 52「運筆②」	1,650 円	冊
記憶	Ｊｒ・ウォッチャー 20「見る記憶・聴く記憶」	1,650 円	冊	言語	Ｊｒ・ウォッチャー 60「言葉の音（おん）」	1,650 円	冊
創造	Ｊｒ・ウォッチャー 22「想像画」	1,650 円	冊		家庭で行う 面接テスト問題集	2,200 円	冊
巧緻性	Ｊｒ・ウォッチャー 23「切る・貼る・塗る」	1,650 円	冊		保護者のための 入試面接最強マニュアル	2,200 円	冊
創造	Ｊｒ・ウォッチャー 24「絵画」	1,650 円	冊		新小学校受験の入試面接Ｑ＆Ａ	2,860 円	冊
巧緻性	Ｊｒ・ウォッチャー 25「生活巧緻性」	1,650 円	冊		新ノンペーパーテスト問題集	2,860 円	冊
運動	Ｊｒ・ウォッチャー 28「運動」	1,650 円	冊		新口頭試問・個別テスト問題集	2,750 円	冊
観察	Ｊｒ・ウォッチャー 29「行動観察」	1,650 円	冊		新運動テスト問題集	2,420 円	冊
推理	Ｊｒ・ウォッチャー 31「推理思考」	1,650 円	冊		実践 ゆびさきトレーニング①・②・③	2,750 円	各　冊
数量	Ｊｒ・ウォッチャー 37「選んで数える」	1,650 円	冊		１話５分の読み聞かせお話集①・②	1,980 円	各　冊

合計	冊	円

（フリガナ） 氏　名	電　話 ＦＡＸ E-mail
住 所 〒　　　－	以前にご注文されたことはございますか。 有　・　無

★お近くの書店、または記載の電話・FAX・ホームページにてご注文をお受けしております。
電話：03-5261-8951　FAX：03-5261-8953　代金は書籍合計金額＋送料がかかります。
※なお、落丁・乱丁以外の理由による商品の返品・交換には応じかねます。
★ご記入頂いた個人に関する情報は、当社にて厳重に管理致します。なお、ご購入の商品発送の他に、当社発行の書籍案内、書籍に関する調査に使用させて頂く場合がございますので、予めご了承ください。

日本学習図書株式会社
http://www.nichigaku.jp

2020年度以前の問題

問題14 分野：志願者面接／ＡＯ型入試

〈準備〉 なし

〈問題〉 **この問題の絵はありません。**

・お名前を教えてください。
・お父さま、お母さまの名前を教えてください。
・幼稚園（保育園）の名前と、担任の先生の名前を教えてください。
・幼稚園（保育園）に迎えに来るのは誰ですか。
・兄弟（姉妹）とどんな遊びをしていますか。
・起きた後に必ずすることは何ですか。
・寝る前に必ずすることは何ですか。
・お家でどんなお手伝いをしていますか。
・あなたが得意なことは何ですか。
（回答／料理）→料理は誰としていますか。
・お母さまが作る料理で何が好きですか。
・習い事は何をしていますか。
・夏休みはどこに行きましたか。誰と行きましたか。

〈時間〉 10分程度

〈解答〉 省略

［2020年度出題］

学習のポイント

当校のＡＯ型入試では、考査日に志願者、考査日前に保護者という形で、それぞれ別々に面接が行われています。志願者面接はお子さま自身と家族との関係に関する質問がほとんどで、特別な対策は必要はありません。また、面接官と正対して着席するという面接ではなく、質問ごとについたてを挟んで設置された２カ所の面接場所を行き来するという形で行われるので、かしこまった面接と言うよりも、口頭試問に近いものと考えてください。面接官が理解できるような、質問に沿った回答ができれば問題ありません。よほど突拍子もない回答でない限り、マイナス評価にはならないでしょう。保護者の方は、例年同じような質問だからといって、あらかじめ答えを用意させるようなことはしないでください。台本を作ってしまうと、お子さまはそれに縛られてしまい、スムーズな会話ができなくなります。

【おすすめ問題集】
面接テスト問題集、新口頭試問・個別テスト問題集

問題15　分野：行動観察（運動、制作）／ＡＯ型入試

〈準備〉　ドッジボール、クーピーペンシル（12色程度）、ひも（80cm程度）

〈問題〉　**運動と行動観察の問題の絵はありません。**

【運動】
（３人のグループで行う）
①スキップしてコースを１周。
②クマ歩き、アザラシ歩き、クモ歩きでコースを１周（指示によって歩き方を変える）。
③「よーいどん」の合図で全力で１周。
④２人組になって、大きなボールでキャッチボール（下から投げる）。

【制作】
（あらかじめ問題２の絵を切り取り、上の○のところに穴をあけておく）
花に色を塗ってください。塗り終わったら、穴にひもを通してコマ結びにしてください。できたら、首からかけてペンダントにしましょう。

【行動観察】
（10人程度のグループで行う）
①輪になってしりとりをしましょう（「パンパン」という拍手のリズムでテンポよく進める）。
②「なべなべそこぬけ」を先生といっしょに歌いましょう。

〈時間〉　適宜

〈解答〉　省略

［2020年度出題］

学習のポイント

本問は、運動や制作を含めた行動観察という形で行われています。観られているポイントは、指示を聞いて、それを守れているかどうかというところにあります。行動観察は、一般的にグループでの課題が多く、協調性が大きな観点になることが多いのですが、当校のＡＯ型入試では、そこまで協調性を重視した課題ではありません。ということは、指示行動がしっかりできているかどうかというところを意識して課題に取り組めばよいということです。個々の課題も難しいものではありませんし、そもそも課題の出来不出来が評価に大きく影響するということもありません。それよりも課題に取り組む姿勢の方が重要です。簡単だからといって適当になったり、難しいからといって投げ出したりしないで、何事も一生懸命に取り組むことを心がけましょう。

【おすすめ問題集】
実践 ゆびさきトレーニング①・②・③、新運動テスト問題集、
Ｊｒ・ウォッチャー23「切る・貼る・塗る」、28「運動」、29「行動観察」

問題16　分野：行動観察（生活常識）／一般入試

〈準備〉　茶碗、お椀、皿、箸、トレー、おもちゃのお寿司

〈問題〉　**この問題の絵はありません。**
（４人のグループで行う）
①青色（それぞれ指定された色）の食器をトレーに載せてテーブルまで運んでください。
②テーブルの上に食器を並べてください。
③テーブルの真ん中に置いてあるお寿司（おもちゃ）を４人で相談して分けてください。

〈時間〉　適宜

〈解答〉　省略

［2020年度出題］

学習のポイント

入学後の給食のシミュレーションをしているような課題です。こうした課題では、ふだんの生活がそのまま出てしまいます。お家で食事を運んだり、配膳したりしていれば、スムーズにできることばかりなので、考えながら並べたりしているようでは、お手伝いをしていないことがわかってしまいます。食器の配膳の位置も、お子さまはいつも目にしているはずですが、意識をしていないと、「茶碗とお椀はどっちが右でどっちが左か」はわからないものです。こうした生活体験を積み重ねることが、小学校受験対策そのものと言えます。どうしてもペーパー学習に偏りがちですが、それと同じくらい経験を重ねることが大切だということを理解しておいてください。また、③は給食が余ってしまった時にどう分けるかのシミュレーションなのかもしれません。

【おすすめ問題集】
新口頭試問・個別テスト問題集、新ノンペーパーテスト問題集、
Ｊｒ・ウォッチャー12「日常生活」、29「行動観察」、56「マナーとルール」

問題17　分野：運動／一般入試

〈準備〉　はちまき、鉄棒、ゴムボール（野球ボールサイズ）、カゴ

〈問題〉　**この問題は絵を参考にしてください。**
①はちまきを頭に巻いて後ろで結んでください。どんな結び方でも構いません。
②鉄棒にぶら下がり、肘を曲げてあごを棒のところまで上げて、５秒間止まってください（懸垂）。
③できるだけボールを遠くに投げてください（２回）。
④線の向こう側にあるボールを１つ取って、こちら側にあるカゴに入れてください。「やめ」というまで続けてください。
⑤はちまきを先生に返してください。

〈時間〉　適宜

〈解答〉　省略

［2020年度出題］

学習のポイント

懸垂やボール投げなど、女子には少しハードルの高い課題ですが、できなかったからといって、評価が低くなるわけではありません。懸垂で落ちてしまっても、すぐにやり直したり、1回目でボールが上手く投げられなかったとしても、2回目で工夫して投げる姿勢を見せることができれば、充分な評価を得ることができるでしょう。お子さまが運動が苦手だったとしても、こうした姿勢を見せることはできるはずです。あきらめずに最後までやりぬくという気持ちを持つようにしてください。そうしたところはきちんと評価してくれます。最後に、課題が終わって気が緩むところではありますが、はちまきを返す際に、たたんで先生に渡すことを忘れないようにしましょう。

【おすすめ問題集】
新運動テスト問題集、Ｊｒ・ウォッチャー28「運動」

問題18　分野：巧緻性／一般入試

〈準 備〉　角に丸みのあるサイコロ（10個程度）

〈問 題〉　**この問題の絵はありません。**
ここにあるサイコロをできるだけ高く積み上げてください。

〈時 間〉　適宜

〈解 答〉　省略

［2020年度出題］

学習のポイント

課題は1人ずつ行いますが、2人並んだ形で行うので、どうしても隣が気になってしまうお子さまもいるでしょう。そこでどれだけ集中できるかというところも、本問の観点になっているのではないかと思います。また、分野を巧緻性としましたが、上手く積み上げられなかったり、積み上げたものが崩れてしまったりした時の態度は間違いなくチェックされます。そういう意味では、行動観察ととらえることもできるでしょう。高く積むことができればもちろんよいでしょうが、崩れてしまったとしても途中で投げ出してはいけません。もう一度積み直すことができれば、最終的に高く積めなかったとしても悪い評価にはなりません。ノンペーパーテストには、さまざまな観点があります。よい結果（サイコロを高く積む）だけを目指すのではなく、その過程も大事にしていきましょう。

【おすすめ問題集】
新口頭試問・個別テスト問題集、新ノンペーパーテスト問題集

問題19　分野：行動観察（母子活動）／一般入試

〈準備〉　扇子、うちわ、花の付いた棒、こま

〈問題〉　**この問題の絵はありません。**

①「あんたがたどこさ」の歌に合わせて、「さ」のところでポーズをとります。２人で相談して、どんなポーズにするのかを決めてください。決まったら、一度練習した後に、本番を始めてください。

②（５人のグループで行う。母親のみ）
「桃太郎」「金太郎」「浦島太郎」の３つの歌の中から、準備に記載されている道具を１つ選んで創作ダンスをしてください（母親同士で相談して決める）。

③②で行ったダンスをお子さまに教えて、いっしょに踊ってください。

〈時間〉　適宜

〈解答〉　省略

［2020年度出題］

学習のポイント

「親子のコミュニケーション」と「保護者同士のコミュニケーション」が観られています。それに加え、ダンスというハードルの高い課題が加わるので、お母さまにとっては難問に感じるかもしれません。わかっているとは思いますが、ダンスが上手かどうかは関係ありません。学校が観ているのは、「普通」にコミュニケーションがとれているかどうかです。特に、保護者同士の相談を注意深く観ていたということなので、入学後の母親同士の関係を気にかけているのかもしれません。その時間、お子さまは別室で神経衰弱をして過ごすということです。ダンスに関しては、恥ずかしがっていてもよいことは何もないので、思い切って楽しみながら踊りましょう。

【おすすめ問題集】

Ｊｒ・ウォッチャー29「行動観察」

問題20　分野：制作（絵画）／一般入試

〈準備〉　クーピーペンシル（12色程度）

〈問題〉　「あなたはドキドキする場所にいます。それはどんな場所でしょう」
その場所の様子を紙いっぱいに描いてください。

〈時間〉　15分

〈解答〉　省略

［2020年度出題］

学習のポイント

楽しい課題なので、好きなものを描いてしまいがちですが、「ドキドキする場所」という指示があるので、テーマに沿った絵を描くようにしましょう。絵のクオリティを問われているわけではないので、何が描いてあるかわかるレベルであれば問題はありません。また、絵を描いている途中に、「何を描いていますか」と質問されます。その時に、テーマをもとにどう展開していったのかを説明できると高評価につながります。そうした、想像する力や考えを発展させる力は、小学校入学後にも大いに役立つものです。上手に絵が描けることはもちろん重要なことではありますが、与えられたテーマをお子さまなりに考えて形にすることが、本問に求められていることと言えるでしょう。

【おすすめ問題集】
Ｊｒ・ウォッチャー22「想像画」、24「絵画」

問題21　分野：数量（選んで数える）／一般入試

〈準 備〉　クーピーペンシル

〈問 題〉　**この問題の絵は縦に使用してください。**
真ん中の四角を見てください。☆（星）は全部で４個あります。周りの細長い四角の☆のところには○が４個書いてあります。このように、真ん中の四角の中に記号がいくつあるか、同じ記号が書いてある周りの細長い四角に、その数だけ○を書きます。それでは、続けてほかの記号も同じように○を書いてください

〈時 間〉　２分

〈解 答〉　丸／○：３、四角／○：４、三角／○：５、月／○：４、ハート／○：２

［2020年度出題］

学習のポイント

問題自体は、シンプルな「選んで数える」なのですが、解答方法が少し独特なので、気を付けておいてください。解答欄が周りにあるだけで、ぱっと見た印象が異なります。そうした時に、「難しいのでは」と構えることなく、落ち着いて何を問われているのかを考えられることが大切です。小学校受験で出題される問題は、それほど種類があるわけではありません。ある程度学習を積めば、全く見たことがないという問題はなくなってきます。ただ、出題の仕方によって、見たことのない問題と感じてしまうことがあります。問題の見た目に惑わされることなく、「問われていることは何か」を、まず考えるようにしましょう。

【おすすめ問題集】
Ｊｒ・ウォッチャー14「数える」、37「選んで数える」

問題22　分野：図形（同図形探し）／一般入試

〈準 備〉　クーピーペンシル

〈問 題〉　左の絵と同じ形でできているものはどれでしょうか。選んで○をつけてください。

〈時 間〉　30秒

〈解 答〉　右上

［2020年度出題］

学習のポイント

全体の形ではなく、それぞれの形が同じかどうかが問われています。左の絵と全く同じ形を探すのではありません。「同じ形のもの」ではなく「同じ形でできているもの」というところがポイントです。全体ではなく、それぞれの形が同じものを見つけるということなのです。問題文がしっかり理解できるということも、小学校受験では大切な要素です。３つの形は位置もバラバラになっているので、一見しただけで解答することは難しいでしょう。見比べるにしても、全体ではなく、１つひとつの形を比較しないといけないので手間もかかります。３つの形をまとめて見比べることもできますが、形ごとに見比べて、違っているものを選択肢から外していく方法が確実と言えるでしょう。

【おすすめ問題集】

Ｊｒ・ウォッチャー４「同図形探し」

問題23　分野：言語（しりとり）／一般入試

〈準備〉　クーピーペンシル

〈問題〉　左上からスタートして、左下まで矢印の順番でしりとりでつないでいきます。記号が書いてある四角に入るものを選んで、下の四角の中に同じ記号をつけてください。

〈時間〉　1分

〈解答〉　○：右から2番目（眼鏡）、×：右端（コイのぼり）、
△：左から2番目（リス）、□：左端（傘）

［2020年度出題］

学習のポイント

それほど難しい言葉はないので、確実に正解しておきたい問題です。引っかかるとすれば連続して四角に入る言葉を選ぶところでしょう。難しく感じる問題にぶつかった時には、簡単にできないかを考えるようにしましょう。2マスまとめて考えるのが難しければ、1マスずつ考えていけばよいのです。×のマスの前は「ネコ」なので、ここには「こ」で始まる言葉が入ります。△のマスの後は「スイカ」なので、「す」で終わる言葉が入ります。この条件で考えると、×には「コイのぼり」と「コマ」が当てはまり、△には「リス」が当てはまります。これで、選択肢が2つあった×には「コイのぼり」が入ることがわかります。理屈で考えていけばこのような考え方になるのですが、語彙を増やしていけば「この言葉とこの言葉がつながる」ということが自然にわかるようになります。言語は学習というスタンスではなく、生活の中や遊びの延長として身に付けていくことをおすすめします。

【おすすめ問題集】
Ｊｒ・ウォッチャー17「言葉の音遊び」、18「いろいろな言葉」、
60「言葉の音（おん）」

問題24　分野：複合（お話の記憶・推理）／一般入試

〈準備〉　クーピーペンシル

〈問題〉　お話を聞いて、後の質問に答えてください。

ライオンくん、ゾウさん、ブタさん、サルくんは４人で探検に出かけることにしました。ライオンくんは海に行きたいと言い、ゾウさんは山に行きたいと言っています。「じゃあ、ジャンケンで決めよう」とブタさんが言ったので、ライオンくんとゾウさんでジャンケンをすることにしました。
ジャンケンポンと、ライオンくんは「チョキ」を、ゾウさんは「グー」を出しました。ライオンくんは「ぼくの勝ちだね」と言いました。ゾウさんは「あ～あ、負けちゃった」と言いました。それを見ていたブタさんは「ゾウさんの勝ちだよ」と言いましたが、サルくんは「違うよライオンくんの勝ちだよ」と言いました。

①正しいことを言っているのは誰でしょうか。選んで○をつけてください。

山に行くことに決まりましたが、今度はライオンくんが「電車で行こう」と言い、ブタさんとサルくんは「バスがいい」と言いました。また、ジャンケンで決めることにしました。
ジャンケンポンと、ライオンくんは「パー」を、ブタさんとサルくんは「グー」を出しました。ライオンくんは「ぼくの負けだ」と言いました。ブタさんは「やった～、ぼくの勝ちだ」と言い、サルくんは「ライオンくんの勝ちだ」と言いました。それを見ていたゾウさんは「違うよ、ぼくの勝ちだよ」と言いました。

②正しいことを言っているのは誰でしょうか。選んで○をつけてください。

山登りを始めたのですが、道に迷ってしまったみたいです。ブタさんは「右の道だよ」と言い、サルくんは「左の道だ」と言っています。またまた、ジャンケンで決めることにしました。
ジャンケンポンと、ブタさんは「パー」を、サルくんは「チョキ」を出しました。ブタさんは「勝った～」と言いました。サルくんは「負けた～」と言いました。それを見ていたライオンくんは「サルくんの勝ちだよ」と言いましたが、ゾウさんは「違うよ、ブタさんの勝ちだよ」と言いました。

③正しいことを言っているのは誰でしょうか。選んで○をつけてください。

どうやら正しい道だったようで、頂上にたどり着くことができました。ライオンくんは「疲れたから休もう」と言いましたが、ゾウさんとブタさんは「暗くなるから早く帰ろう」と言っています。最後も、ジャンケンで決めることにしました。
ジャンケンポンと、ライオンくんは「グー」を、ゾウさんとブタさんは「パー」を出しました。ライオンくんは「２人の負けだね」と言いました。ゾウさんは「ライオンくんの負けだね」と言い、ブタさんは「負けた～」と言いました。それを見ていたサルくんは「ライオンくんの勝ちだよ」と言いました。

④正しいことを言っているのは誰でしょうか。選んで○をつけてください。

〈時間〉　各20秒

〈解答〉　①右から２番目（ブタ）　②右端（サル）
③左端（ライオン）　④左から２番目（ゾウ）

［2020年度出題］

学習のポイント

お話の記憶ではあるのですが、単純に記憶するのではなく、ジャンケンの勝ち負けという条件の中で、誰の発言が正しいのかを判断しなければなりません。そういう意味では、お話の記憶の形をした推理問題と言うことができます。「論理的に考える」「きちんと聞き取る」という２つが、本問では求められるのです。受験テクニック的な話になってしまいますが、①を終えれば、どんな問題なのかが把握できます。そうすると、最後まで問題を聞かなくても、誰が勝った（負けた）のかを頭に入れながら考えれば、発言が正しいかどうかをすぐに判断することができます。問題を最後まで聞いて考えるよりも効率的に答えを出すことができます。ただし、途中で出題のパターンが変わることもあるので、決めつけてしまうのはよくありません。こうした解き方もあるということを覚えておく程度にしておきましょう。

【おすすめ問題集】

１話５分の読み聞かせお話集①・②、お話の記憶問題集 初級編・中級編、
Ｊｒ・ウォッチャー31「推理思考」

問題25　分野：保護者面接／ＡＯ型入試、一般入試

〈準備〉　なし

〈問題〉　**この問題の絵はありません。**

【ＡＯ型入試】
・本校の学校行事には参加されましたか。
・参加した行事の中で印象的だったことを教えてください。
・お父さまはお母さまと家事を分担していますか。
・本校への入学を考えることになったきっかけを教えてください。
・本校のカリキュラムで１番魅力を感じたものは何ですか。
・お子さまのことで今まで困ったことはありますか。
・日本文化の教育はお子さまにとって必要だと思いますか。
・お父さまはどんなお仕事をされていますか。
・お休みの日は何をして過ごしていますか。

【一般入試】
・本校の学校行事には参加されましたか。
・参加した行事の中で印象的だったことを教えてください。
・お子さまは今、何が好きですか。
・将来、お子さまにはどのように成長してほしいですか。
・数ある私立小学校の中で本校を選んでいただいた理由は何ですか。
・本校が目指す教育の方向性をどのようにご理解されているかお話しください。

〈時間〉　20分程度（ＡＯ型）、10分程度（一般）

〈解答〉　省略

［2020年度出題］

学習のポイント

面接は、ＡＯ型、一般ともに、面接官１名に対して保護者２名で行われます。いずれの面接でも、学校行事の感想が必ず聞かれるので、可能な限り参加するようにしてください（学校は参加の記録もしています）。また、説明会や行事に参加する時は、ただ参加しただけでなく、何が印象に残ったか、どうしてそれが印象に残ったのかという点も話せるようにしておきましょう。面接では、母親だけでなく父親にも志望動機や教育方針についての質問があります。矛盾が生じないように事前に話し合っておいてください。当校では父親の意志や希望も評価の対象になっているので、その場にいるだけでは、意味がありません。また、ＡＯ型入試の場合、願書提出時に保護者の方が推薦書を書かなければなりません。「保護者の自己紹介」「当校の教育がすぐれていると考える理由」「当校の教育がお子さまにどのように有益か」などの８項目を、各項目Ａ４サイズ半分程度のスペースに記入します。これらをもとに、さらに面接で質問されることになるので、保護者の推薦書は重要な位置付けになります。

【おすすめ問題集】

新小学校受験の入試面接Ｑ＆Ａ、入試面接最強マニュアル

問題26　分野：制作・行動観察／ＡＯ型入試

〈準備〉　（あらかじめ問題26の絵の点線部分を切り抜いておく）
リボン、クーピーペンシル、ハサミ、セロハンテープ、タンバリン

〈問題〉　①（準備した道具と問題13の絵を渡す）
絵に描いてあるメダルを好きな色で塗ってください。色を塗ったら、線に沿ってハサミで切り、メダルの上にある穴にリボンを通し、テープで留めてください。
②（６人程度のグループで行う）
輪になってください。タンバリンが２度鳴ったら、２人で手をつないでください。タンバリンが３度鳴ったら、３人で手をつないでください。

〈時間〉　①５分　②５分

〈解答〉　省略

［2019年度出題］

学習のポイント

ＡＯ型入試では面接以外に、本問ような制作とゲームを行います。例年、内容は簡単なもので、特に注意すべきところはありません。指示の理解、道具の使い方、協調性などさまざまな観点はありますが、あくまで基礎的なものですので、学習がある程度進んでいるお子さまなら、「こういった課題が出題されている」という確認程度で充分でしょう。このように当校のＡＯ型入試は、基礎的な内容に終始しているので、お子さまの能力を高めることよりも、家庭で全体で「当校で学びたい」という意志をはっきりと伝えることに力点を置いた方がよいアピールになるのかもしれません。その意志が伝われば、お子さまの伸びしろを最大限に評価してくれるでしょう。ただし、基礎的なことさえできない、ということになれば話は別です。安心のためにも、基礎的な作業はスムーズにできるように準備しておいてください。

【おすすめ問題集】
新口頭試問・個別テスト問題集、実践 ゆびさきトレーニング①・②・③、
Ｊｒ・ウォッチャー23「切る・貼る・塗る」、29「行動観察」

問題27　分野：数量（数の構成）／一般入試　観察　考え

〈準備〉　クーピーペンシル

〈問題〉　椅子が４脚あります。そこへ女の子が９人来ました。女の子が全員座るためには、あと何脚の椅子がいりますか。その数だけ、右側の四角の中に○を書いてください。

〈時間〉　１分

〈解答〉　○：５

［2019年度出題］

学習のポイント

特に難しい問題ではありません。ただし、実物を実際に手で動かしながら考えられるわけではないので、頭の中で椅子に女の子が座っている様子をイメージする必要があります。目に見えるものを数える場合と違い、状態・状況をイメージするということです。こういった問題が苦手という場合は、このイメージができない、ということが多いようです。そういったお子さまには、目に見える形で説明し、理解させるようにしましょう。おはじきなどの具体物を使えばイメージするというプロセスが省略できます。何度かものを使ってイメージを補っているうちに、具体物なしで状態・状況が再現できるようになってくるでしょう。なお、本問では椅子を「脚」で数えていますが、身近なものの数え方（助数詞）についてはできるだけ覚えておきましょう。最近はあまり出題されませんが、入学してからも役立つ知識です。

【おすすめ問題集】

Ｊｒ・ウォッチャー38「たし算・ひき算１」、39「たし算・ひき算２」、41「数の構成」

問題28　分野：推理（系列）／一般入試

〈準備〉　クーピーペンシル

〈問題〉　くだものの絵が、あるお約束にしたがって順番に並んでいます。空いている四角にはどのくだものが入りますか。下の絵の中から正しい組み合わせを選び、その下の四角に○を書いてください。

〈時間〉　30秒

〈解答〉　右端

［2019年度出題］

学習のポイント

系列は、記号や絵の並び方の「法則」を見つける問題です。系列の問題は一度混乱してしまうと解答時間内に答えることが難しくなるので、「系列の問題は、このように考える」という自分なりの方法をあらかじめ決めておくとよいでしょう。時間内に「法則」を見つけるなら、①「同じ記号・絵が～マス間隔で登場するか」を見る。②着目した絵の前後の配列から「法則」を予測する。③解答した後で「法則」と矛盾がないかを確かめる。というのがオーソドックスな方法です。たいていの場合、３つか４つの記号・絵が同じ並びになっていることはさほど考えなくても自然とわかるはずです。なお、指を使ったり、印をつけたりといったハウツーがありますが、導入時や解答を確かめる場合はともかく、将来の学力につながるものではありません。使うこと自体はルール違反ではありませんが、仕組みを知ってからの方がよいでしょう。

【おすすめ問題集】

Ｊｒ・ウォッチャー６「系列」

問題29　分野：図形（四方からの観察）／一般入試

〈準　備〉　クーピーペンシル

〈問　題〉　①１番上の段を見てください。見本の積み木を上から見た時、どのように見えますか。右の４つの中から選んで○をつけてください。
②上から２番目の段を見てください。見本の積み木を上から見た時、どのように見えますか。右の４つの中から選んで○をつけてください。
③下から２番目の段を見てください。見本の積み木を上から見た時、どのように見えますか。右の４つの中から選んで○をつけてください。
④１番下の段を見てください。見本の積み木をさまざまな方向から見た時、どこから見てもその形に見えないものはどれですか。右の４つの中から選んで○をつけてください。

〈時　間〉　各30秒

〈解　答〉　①左端　②右端　③左端　④右から２番目

［2019年度出題］

学習のポイント

言葉で説明するよりも理解しやすくなるので、積み木の問題の答え合わせは、実際に積み木を使って、お子さま自身の目で確認しながら行ってください。この時、単なる答え合わせをするのではなく、選択肢のように見えるためには、ほかにどのような積み方があるかなど、発展的学習につなげるのもよいでしょう。答え合わせを単なる○の数の確認で終わらせず、正しい理解のための時間にしてください。自分で間違いを発見し、考え方を修正することは最も効率のよい学習です。時には保護者の方も、具体的な解答のプロセスなどを説明しないで、お子さまの発見やひらめきを待ってみてはいかがでしょうか。考え方を含めて、教えるのは簡単ですが、「教えすぎる」と、お子さまの学力向上や応用力の妨げになるだけではなく、学習意欲をそいでしまうこともあります。

【おすすめ問題集】
Ｊｒ・ウォッチャー　10「四方からの観察」、16「積み木」、
53「四方からの観察　積み木編」

問題30　分野：記憶（お話の記憶）／一般入試

〈準備〉　クーピーペンシル

〈問題〉　お話を聞いて、後の質問に答えてください。

ひろしくんは、お父さんとお母さんとお姉さんといっしょに動物園に行きました。動物園に着くと、ひろしくんは見たかったゾウのいる檻に走っていきました。ゾウはちょうどお尻をひろしくんの方に向けて、エサを食べているところです。「鼻が見えないよ」とひろしくんは不満そうでしたが、あまり時間がないので、隣にあるシマウマの檻に行きました。シマウマは、ぼーっと立っていましたが、寝ているわけではなさそうです。「お父さん、シマウマは何をしているの？」とひろしくんが聞くと、お父さんは「シマウマの耳を見てごらん、細かく動いているだろう。ああやって周りの音を聞いているんだよ」と教えてくれました。次にお姉さんが行きたがっていた「動物ふれあいコーナー」に行くことになりました。行ってみると白と黒のウサギが全部で30匹ぐらいいます。係員のおじさんが「エサをあげていいよ」と言ったので、ひろしくんとお姉さんはウサギにニンジンをあげました。すると、ウサギがたくさん寄ってきて２人の周りがウサギだらけになりました。しばらくウサギと遊んだ後、お昼になったのでお弁当を食べようということになりました。芝生の広場で食べるお弁当は美味しかったので、お父さんはおにぎりを４つ、ひろしくんは３つ、お母さんとお姉さんは２つずつ食べました。お弁当を食べてから、もう一度「動物ふれあいコーナー」に行ってウサギと遊んでいるともう帰る時間になりました。動物園は駅から離れた場所にあるので、バスに乗って近くの駅まで行きます。そのバスに乗ってひろしくんは「あ！ライオンを見るの忘れた。見たかったのに」と突然言ってお母さんを驚かせました。

（問題30の絵を渡す）
①上の段を見てください。ひろしくんが見た動物に○をつけてください。
②下の段を見てください。お父さん、お母さん、ひろしくん、お姉さんはそれぞれいくつおにぎりを食べましたか。それぞれの四角に食べた数だけ、○を書いてください。

〈時間〉　各30秒

〈解答〉　①ゾウ、シマウマ、ウサギ
②お父さん／○：４、お母さん／○：２、
ひろしくん／○：３、お姉さん／○：２

［2019年度出題］

学習のポイント

当校のお話の記憶の問題では、例年、「お話に出てきたものを選びなさい」といった、基本的なものがほとんどです。細部は問われないとまでは言えませんが、ふだんの読み聞かせで記憶するようなこと、「誰が」「何を」といったところを把握できていれば答えられるでしょう。人の話を「普通」に聞き、質問に答えられれば特に問題はないというスタンスのように感じます。また、日常生活でごく当たり前に見かける光景や、家での手伝いなどをテーマにしたお話が取り上げられることが多いようです。これは、入学前の子どもがしておくべき生活体験を積んでいるかを測っているということでしょう。対策としては知識を積み重ねることにこだわらず、お子さまといっしょに出かけたり、１日の出来事を振り返るといった、日常生活も大事にすることです。特別な学習は必要ありません。

【おすすめ問題集】
１話５分の読み聞かせお話集①・②、お話の記憶 初級編・中級編

問題31　分野：複合（生活巧緻性、運筆）／一般入試

〈準備〉　①（あらかじめ道具を机の上に並べておく）
　　傘、風呂敷、タオル、しゃもじ
②クーピーペンシル

〈問題〉　**①の絵はありません。**
①傘を開いて、机の横に置いてください。タオルをたたみ、しゃもじをその上に置き、風呂敷で包んでください。最後に傘をきれいにたたんでください。
（問題31の絵を渡す）
②４本の点線をなぞってください。

〈時間〉　①５分　②３分

〈解答〉　省略

[2019年度出題]

学習のポイント

①②とも巧緻性の問題として出題されています。①は生活巧緻性、②は運筆ですが、２つともそれほど器用さを要求されないので、一度試しておけば充分でしょう。①では、もし、風呂敷を使った経験がなければこの機会に基本的な包み方、結び方を学んでおいてください。チョウチョ結びは、それ自体よく出題される課題なので無駄にはなりません。②はある程度うまく線が引けていれば、それほど出来上がりに神経質になることはありません。ここでは主に、筆記用具が正しく使えているかをチェックしているので、常識的に線が引けていれば大丈夫です。当校の入試では解答にクーピーペンシルを使いますが、正しく持っていないと滑らかに線が引けません。正しく持っていないのではないかと思われるような線でなければそれでよいということです。

【おすすめ問題集】
実践 ゆびさきトレーニング①・②・③、
Ｊｒ・ウォッチャー25「生活巧緻性」、51「運筆①」、52「運筆②」

問題32　分野：制作（指示画）／一般入試

〈準備〉　クーピーペンシル、ハサミ、セロハンテープ

〈問題〉　**この問題の絵は縦に使用してください。**
①上の段の点線の四角の中に動物の顔を描いてください。
②今日は描いた動物のお誕生日です。下の段に描いてあるものを点線に沿って切り取って、動物のそばに貼ってください。

〈時間〉　①５分　②５分

〈解答〉　省略

[2019年度出題]

学習のポイント

一般入試の制作課題です。当校の制作問題は、基本の作業である「切る・貼る・塗る」が課題となっていることが多く、特別な対策をする必要はないでしょう。この課題でも、動物の顔はともかく、ほかのものはあらかじめ描いてあります。出来上がりに大きな差はつきません。つまり、一通りの作業が人並みの速さでできれば問題はない、ということになります。こういった課題での観点は、指示を理解し、実行しているかです。というのは、当校の入試は学力面ですぐれた資質を持つ志願者を発見するというよりは、コミュニケーション能力に欠ける志願者をチェックすることを重視しているのではないかと思えるからです（私立小学校の入試というのはもともとそういうものかもしれませんが）。保護者の方が指導する時は、お子さまに基本的な作業のコツや手順を説明するのもよいですが、まず、指示を聞き、理解し、指示の通りに行うということの大切さを教えるようにしてください。

【おすすめ問題集】
実践 ゆびさきトレーニング①・②・③、
Ｊｒ・ウォッチャー23「切る・貼る・塗る」

問題33　分野：行動観察（母子活動）／一般入試

〈準備〉　（あらかじめ問題33-１と問題33-２の絵を線に沿って切り取って、カードにしておく）
コイン（２枚）、折り紙（５枚）、ハサミ、カゴ、童謡「きらきら星」を録音した媒体と再生機器

〈問題〉　（問題32-１を切り分けたカードを保護者に、問題32-２を切り分けたカードを志願者に渡す）
①カードを裏返してください。（志願者に）好きな遊びのカードを１枚選んで、裏返しのままで待っていてください。（保護者に）お子さまが遊びたいと思っていると考えるカード１枚選んでください。（２人に）それではカードを表にしてください（カードが一致した時はコインを志願者に１枚渡す。その後、『お子さまが今食べたいと思っている料理のカードを選ぶ』というテーマで同様のゲームを行う）。
②（保護者と志願者が２人組になって行う）
今から歌を流しますので、お母さまといっしょに、歌に合った踊りを作ってください（「きらきら星」の歌を流す）。
③では、お母さまといっしょに歌に合わせて踊ってください。

〈時間〉　①適宜　②10分　③適宜

〈解答〉　省略

［2019年度出題］

学習のポイント

一般入試の親子活動の課題です。例年行われているこの課題は、年度によって内容が少しずつ異なりますが、親子の意思疎通を観点としているところは共通しています。結果（踊りの出来映えなど）よりも親子で会話をして、共通の目標を達成しようとする姿勢を評価されると考えて、よそゆきの態度や姿勢をとらないようにしてください。基本的な姿勢としては、保護者の方がお子さまに考えを押し付けるのではなく、お子さまが積極的に「～しよう」と発言し、保護者の方が適切なアドバイスをするという形が理想的でしょう。お子さまの積極性・能力と、保護者の方のお子さまへの理解の両方がアピールできるよう、どのような立ち回りがよいかを一度考えてみてください。①でカードが一致していなくても、②で踊りの出来映えが素晴らしいものでなくても、その過程が問題を感じさせるものでなければ大丈夫です。

【おすすめ問題集】
新口頭試問・個別テスト問題集、Ｊｒ・ウォッチャー29「行動観察」

問題34　分野：運動／ＡＯ型・一般入試共通

〈準備〉　ゴムボール（２個）、ビニールテープ、マット、カラーコーン（赤、青、黄色、緑の４色を２個ずつ）

〈問題〉　**この問題は絵を参考にしてください。**
①床の線のところから、ゴムボールを壁の線の上まで投げ上げてください。
②クマ歩きでマットの反対側まで行ってください。その後、アザラシ歩きで帰ってきてください。
③私（出題者）が言った色のコーンから、向こう側の同じ色のコーンまで走ってください。その後、スキップで最初のコーンまで戻ってきてください。

〈時間〉　15分

〈解答〉　省略

［2019年度出題］

学習のポイント

いわゆるサーキット運動です。女の子にとっては難しい課題もあるでしょう。特に①のボールの扱いについては、日頃の遊びの中でもあまり使わず、慣れていないお子さまも多いかもしれません。ボールを高く投げ上げる時は、ボールを持ち上げる感覚で手放すと上手くいきます。口頭で説明するのは難しい感覚なので、実際にボールで遊び、使い方に慣れておくとよいでしょう。これ以外にもさまざまな課題が出題されますが、こうした運動は「できる」だけでなく、「スムーズにできる」とよりよい評価を得られます。スムーズにできるということは、速くできるということではなく、指示通りにキビキビ動けるということです。クマ歩きやスキップなどは練習して、スムーズにできるようにしておくと、本番で困ることはなくなります。

【おすすめ問題集】
新運動テスト問題集、Ｊｒ・ウォッチャー28「運動」

問題35　分野：複合（制作、行動観察）／ＡＯ型入試

〈準備〉　（あらかじめ準備した道具と問題35の絵を渡しておき、ゼッケンは試験前に胸につけておく）
クーピーペンシル、ハサミ、セロハンテープ、タンバリン、笛、ゼッケン

〈問題〉　①絵の中にあるハートの中を好きな色で塗ってください。色を塗ったら、線に沿ってハサミで切り、セロハンテープでゼッケンに貼ってください。
②（この問題は５人程度のグループで行う）
１列に並んでください。タンバリンが鳴ったら、前のお友だちの肩を叩いてください。笛が鳴ったら、後ろを向いてください。

〈時間〉　①５分　②10分

〈解答〉　省略

［2018年度出題］

学習のポイント

当校の制作の課題では、ハサミやセロハンテープなどを使用します。ハサミを使うコツは、刃の先端ではなく、根元の部分を使うことです。こうするときれいに切れるので、一度確かめてみてください。また、ゼッケンに紙を貼る時は、セロハンテープをバランスよく貼ると動かしても剥がれ落ちにくくなります。なお、ハサミの先を人に向けないことはもちろん、置く時は刃を閉じる、後片付けをするといったマナーも評価されていますので気を付けてください。道具の使い方だけでなく、作業が終わった後にゴミや道具を片付けることも忘れないようにしましょう。②では、簡単な遊びをします。この課題では、指示通りに行動できることはもちろん、意欲的に取り組んでいるかも観られています。簡単な内容だからと、指示をいい加減に聞いていると、細かい聞き逃しなどが出てしまうかもしれません。対応する行動をきちんと行い、キビキビ動こうとする意志を見せましょう。

【おすすめ問題集】
新口頭試問・個別テスト問題集、実践 ゆびさきトレーニング①・②・③、
Ｊｒ・ウォッチャー23「切る・貼る・塗る」、29「行動観察」

問題36　分野：数量（選んで数える）／一般入試

〈準備〉　クーピーペンシル

〈問題〉　（問題36-１の絵を見せ、問題36-２の絵を渡す）
①リンゴは全部で何個ありますか。その数だけ、渡した絵の１番上の段に○を書いてください。
②○の中にリンゴは何個ありますか。その数だけ、渡した絵の真ん中の段に○を書いてください。
③△と□が重なっているところに、リンゴは何個ありますか。その数だけ、渡した絵の１番下の段に○を書いてください。

〈時間〉　①45秒　②③30秒

〈解答〉　①○：16　②○：８　③○：３

［2018年度出題］

学習のポイント

複数のものが描いてある絵から、条件に合うものを選んで数えます。まず、設問を最後までよく聞いて、内容をしっかり把握してください。入試では設問の途中で解答してはいけません。当校の入試では「指示や意図をきちんと理解してから、行動できる」ということが観点の1つとなっているようですから、このような問題であっても、最後まで聞いてから解答する習慣を身に付けましょう。また、本問では絵に印を書き込むことができません。印をつけずにものの数を数えられるようにしておきましょう。印をつけずに数える方法の1つとして、方向を決めてから数えるというものがあります。この問題の①で言えば、絵の1番左上にあるリンゴから数え始め、右、あるいは下に向かって数えるという方法です。こうすることで、素早く数えられるだけでなく、間違いや重複なども少なくなります。

【おすすめ問題集】

Ｊｒ・ウォッチャー14「数える」、37「選んで数える」

問題37　分野：推理（系列）／一般入試

〈準　備〉　クーピーペンシル

〈問　題〉　あるお約束にしたがって、絵が並んでいます。空いているマス目に入るものを、それぞれ右側から選んで○をつけてください。

〈時　間〉　２分

〈解　答〉　①左　②右から２番目　③右端　④右から２番目

［2018年度出題］

学習のポイント

当校の系列の問題では、並べられている絵や記号の繰り返しが比較的短いことが特徴です。やさしい問題ですが、正確を期するなら、指を使って確認していくとよいでしょう。手順としてはまず、同じ絵を２つ見つけ、それぞれに指を置きます。次に、両方の指を同時に横にずらし、同じ絵が続いていることを確認しながら空欄まで動かします。それを繰り返し、一方の指が空欄をさした時に、もう一方の指がさしている絵が正解になります。この方法は確認には有効なテクニックです。しかし、系列全体を俯瞰し、そこに規則性を発見するという論理的思考力は、小学校に入ると必要になるものです。ご家庭での学習では、ハウツーやテクニックを身に付けるのではなく、応用力や思考力を養うことを目的としてください。

【おすすめ問題集】

Ｊｒ・ウォッチャー６「系列」

問題38　分野：図形（同図形探し）／一般入試

〈準 備〉　クーピーペンシル

〈問 題〉　左上の四角の中にある形をすべて使ってできる形に、○をつけてください。

〈時 間〉　２分

〈解 答〉　下図参照

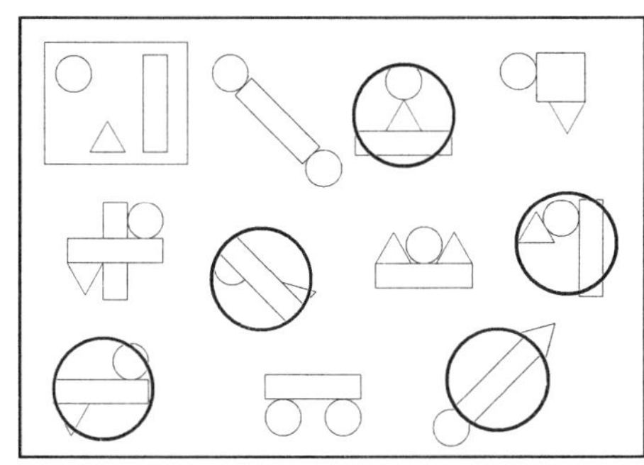

［2018年度出題］

学習のポイント

図形分野の問題は頻出です。本問のような平面図形だけでなく、積み木などの立体物を使った問題も過去には出題されているので、練習では幅広い分野の問題に取り組んでください。パズルや積み木遊びを好むお子さまなら、こうした図形問題にも取り組みやすいでしょう。図形問題を練習する時は、ペーパー学習として取り組むことに加え、学習の合間に遊びとしてパズルや積み木に取り組むと、より一層身に付きやすくなります。その際、特定の形を作るだけでなく、できるだけ多くの形を作る練習などにも取り組むと、図形を把握する力や応用力が身に付き、効果的です。正解の見逃しや重複をなくすために、計数と同じように、図形を見る順番を決めるとよいでしょう。また、それぞれの形を見比べる時は、使われているパーツの数と種類を確認してから進めることもおすすめです。本問なら、○、△、□を１つずつ使う形が正解なので、そこに注目して比較を進めてください。

【おすすめ問題集】

Ｊｒ・ウォッチャー４「同図形探し」

問題39　分野：複合（記憶、推理）／一般入試

〈準備〉　クーピーペンシル

〈問題〉　これからお話をします。正しいことを言っている動物に、○をつけてください。

①リンゴが３個ありました。そのうち１個食べました。それから２個買ってきました。今あるリンゴは何個ですか。
クマさんは「４個だよ」と言いました。ウサギさんは「２個だよ」と言いました。リスさんは「３個だよ」と言いました。イヌさんは「５個だよ」と言いました。
②バスにネコさんとキツネさんが乗っていました。バス停に停まると、ネコさんが降りてタヌキさんが乗ってきました。次のバス停に停まると、タヌキさんが降りて、キリンさんが乗ってきました。今、バスには誰が乗っていますか。
クマさんは「キリンさんだよ」と言いました。ウサギさんは「タヌキさんとキツネさんだよ」と言いました。リスさんは「キツネさんとネコさんだよ」と言いました。イヌさんは「キリンさんとキツネさんだよ」と言いました。

〈時間〉　各10秒

〈解答〉　①左端（クマ）　②右端（イヌ）

［2018年度出題］

学習のポイント

指示をよく聞いていないと正解できない問題が多く出題されていることが、当校入試の特徴の１つです。本問は、正確な聞き取りが求められる問題です。絵や具体物を使わずに、数の増減や人物の移動などを把握することも求められています。お子さまの聞き取りが不充分だと保護者の方が感じたら、再び問題に取り組む時、ものが１回動く度に、「今リンゴはいくつ？」「バスに乗っているのは誰？」と確かめながら聞き取らせてください。情報を整理しながら聞くようになると、複雑な増減や移動も理解できるようになります。練習では、ご家庭で取り組んでいるペーパーの練習問題を口頭試問形式で行うとよいでしょう。

【おすすめ問題集】
Ｊｒ・ウォッチャー19「お話の記憶」、20「見る記憶・聴く記憶」

問題40　分野：巧緻性（運筆）／一般入試

〈準備〉　クーピーペンシル

〈問題〉　**この問題の絵は縦に使用してください。**
絵を真ん中で折った時、左側の線とぴったり重なるように、右側に線を引いてください。

〈時間〉　各１分

〈解答〉　省略

［2018年度出題］

学習のポイント

運筆の問題は当校入試で頻出の分野です。本問のような直線だけでなく、過去には曲線を引く課題も出題されました。どのような線も引けるように、鉛筆の持ち方、線の引き方は、早い時期に練習しておいてください。直線を引く時は、線を引くマス目の位置を数えながら引くときれいな線が引けます。縦と横の線を引く時は、始点を決めてから右に○マス（上に○マス）進む、と考えるとずれずに速く線が引けます。斜めの線を引く時は、始点から右（左）に○マス、上（下）に○マス進んだ先の交点に向かって真っすぐ引くと、元の線からずれなくなります。また、実際に線を引く時はお手本とは左右が反対になるので、始点の確認と、線を引く方向に気を付けましょう。

【おすすめ問題集】
Ｊｒ・ウォッチャー８「対称」、35「重ね図形」、48「鏡図形」、51「運筆①」、52「運筆②」

問題41　分野：複合（制作・行動観察）／一般入試

〈準備〉　（あらかじめ問題41の絵を線に沿って切り離す）
クーピーペンシル、画用紙（Ａ４）、のり

〈問題〉　（準備した道具と切り離した問題40の絵を渡す）
渡した絵を画用紙にのりで貼ってください。その後、貼った形を使って好きな絵を描いてください。
（絵を描いている途中で質問する）
何を描いていますか。

〈時間〉　10分

〈解答〉　省略

［2018年度出題］

学習のポイント

当然の話ですが、絵の才能を判断する入試ではありませんから、描いた絵の巧拙はそれほど重視されていないと考えられます。貼られた形を活かすという指示さえ守れば、後は自由に絵を描けばよいでしょう。むしろ、ここで注意したいのは、絵を描いている途中に質問をされるという点です。作業中に声をかけられるので、返事がいい加減になってしまうかもしれません。そうならないように、話しかけられたら作業の手を止め、相手の顔を見て、正しい言葉遣いで返事をする習慣を身に付けてください。こうした会話の仕方は、お子さまに言い聞かせるだけでなく、保護者の方が見本を見せてはじめて身に付くものです。お子さまに話しかけられた時、手を止めてお子さまの目を見て話してください。そうした行動の１つひとつがお子さまのお手本になります。

【おすすめ問題集】
新口頭試問・個別テスト問題集、実践 ゆびさきトレーニング①・②・③、
Ｊｒ・ウォッチャー22「想像画」、23「切る・貼る・塗る」、29「行動観察」

問題42　分野：行動観察（母子活動）／一般入試

〈準 備〉　①②童謡「アイアイ」を録音した媒体と再生機器
③④⑤ゴムボール、お手玉、フラフープなどのおもちゃ（5、6個程度）

〈問 題〉　**この問題の絵はありません。**
（保護者と志願者が2人組になって行う）
①今から歌を流しますので、お母さまといっしょに、歌に合った踊りを作ってください（「アイアイ」の歌を流す）。
②では、お母さまといっしょに歌に合わせて踊ってください。
③（保護者と志願者は別の部屋に移動し、以下の課題を行う）
【保護者】
（準備したおもちゃを渡す）
これらのおもちゃを使った遊びを考えてください。
【志願者】
「サカナ」「ウマ」「ゾウ」のジェスチャーを考えてください。
④（5分後、保護者と志願者は同じ部屋に戻る）
これからジェスチャーゲームをします。お母さまに考えたジェスチャーを見せてください。お母さまは何のジェスチャーか答えてください。
⑤お母さまといっしょにおもちゃで遊んでください。

〈時 間〉　15分

〈解 答〉　省略

［2018年度出題］

学習のポイント

当校の一般入試で行われる「母子活動」の課題です。実際の試験では、1会場で5、6組がこの課題に取り組んだようです。母子間のコミュニケーションが観点ですから、他人の目を気にせず、お子さまといっしょに課題に取り組んでください。お子さまの踊りやジェスチャーなどがうまくいかない時もありますが、お子さまが失敗した時に保護者の方がすぐに助けようとすると、いつもそのようにしているのではないかという印象を与えてしまうかもしれません。そのような時の正しい対処は、「あきらめずにもう一度取り組むように促す」です。「お子さまの自主性を尊重しつつも、安易に手助けはせず、考えさせる保護者である」というイメージを学校側に持ってもらうことができます。

【おすすめ問題集】
新ノンペーパーテスト問題集、Ｊｒ・ウォッチャー29「行動観察」

問題43　分野：数量（比較）／一般入試

〈準 備〉　クーピーペンシル

〈問 題〉　①１番多いものを、下の四角の中から選んで○をつけてください。
②１番少ないものを、下の四角の中から選んで△をつけてください。
③２番目に少ないものを、下の四角の中から選んで□をつけてください。

〈時 間〉　各30秒

〈解 答〉　①○：右から２番目（バナナ）　②△：真ん中（ブドウ）
③□：左端（リンゴ）

［2017年度出題］

学習のポイント

本問のように、全体の中から決まったものを数える問題は、数え忘れや重複がないようにすることが大切です。そのため、素早く、正確に数える方法を身に付けてください。コツとしては、左から右へ、上から下へといったように数える方向を決めることです。どこまで数えたかが明確になるので、数え忘れが少なくなります。慣れないうちは、数えるものの種類を減らす、おはじきやブロックなどの具体物に置き換えて考えるのもよいでしょう。早く数えられるようになると、問題を解いた後に時間が余るので、解答の見直しができるようになります。日々の練習がそのまま正答率に反映する問題だと言えるでしょう。

【おすすめ問題集】
Ｊｒ・ウォッチャー14「数える」、15「比較」、37「選んで数える」、58「比較②」

問題44　分野：行動観察（母子活動）／一般入試

〈準 備〉　なし

〈問 題〉　**この問題の絵はありません。**
（保護者と志願者が２人組になって行う。最初に母親が椅子に座る）
①今から流す歌を知っていたら、ひざを叩きながら歌ってください（「手をたたきましょう」の歌を流す）。
②お母さまといっしょに「手をたたきましょう」の踊りを作りましょう。
③（保護者と志願者が別々の部屋に移動し、それぞれに出題）
「チューリップ」の歌の踊りを考えてください（７～８分程度の練習時間がある）。
④（保護者と子どもが同じ部屋に戻る）
では、練習した踊りを見せましょう。最初にお母さまが、次にお子さまが踊ってください。

〈時 間〉　適宜

〈解 答〉　省略

［2017年度出題］

学習のポイント

当校は、お子さまが楽しめる試験を行うことが特徴です。それがはっきり表れているのが、この親子活動の課題でしょう。この課題では、日頃の遊びをモチーフとした課題で、ご家庭で過ごされている様子や、親子の関係が観られていると考えられます。保護者の方にとっては恥ずかしいと感じることもあるかもしれませんが、日頃の親子の様子が観られているので、ご家庭で過ごす時と同じように、お子さまと楽しく遊びましょう。学習の合間に、気分転換としていっしょに遊ぶ時間を作る、家族で外に出かけるなどして、お子さまといっしょに過ごす時間を大事にしてください。

【おすすめ問題集】
新ノンペーパーテスト問題集、Ｊｒ・ウォッチャー29「行動観察」

問題45　分野：常識（理科）／一般入試

〈準備〉　クーピーペンシル

〈問題〉　それぞれの段には仲間はずれのものが１つあります。それを選んで○をつけてください。

〈時間〉　各30秒

〈解答例〉　①右から２番目（ダイコン／ほかは主に食べる部分が地面の上にできる）
②左から２番目（オタマジャクシ／ほかは海の生きもの）
③左端（自転車／ほかはエンジンで動く乗りもの）
④右端（モミジ／ほかは夏のもの）
※お子さまの説明が納得できるものであれば、上記以外の解答でも正解にしてください。

［2017年度出題］

学習のポイント

仲間探しの問題は、お子さまの知識が問われます。ものには名前だけでなく、さまざまな特徴があるということを教えてあげてください。当校で扱われる常識問題は、動物や植物の特徴、道具の使い方、季節との関わり、ものの性質など多岐にわたります。そのため、ただ答えが合っているだけでは、問題を理解したとは言えません。答え合わせの前に、お子さまに「なぜその答えを選んだのか」を聞いてください。その理由を説明することができて、はじめて問題を理解したと言えるようになります。ものについて教える時は、「○○の仲間だよ」「××に住んでいるよ」といったように、そのものの特徴を教えるとよいでしょう。こうした知識は、日々の学習で教えるのもよいですが、家族で出かけたり、買いものに行った先で覚えるようにすると、より効果的に身に付きます。

【おすすめ問題集】
Ｊｒ・ウォッチャー11「いろいろな仲間」、27「理科」、55「理科②」

問題46　分野：図形（回転図形）

〈準 備〉　クーピーペンシル

〈問 題〉　それぞれの段の１番左の絵と同じものを、右側から選んで○をつけてください。

〈時 間〉　各20秒

〈解 答〉　①左から２番目　②右から２番目　③左から２番目　④右端

[2017年度出題]

学習のポイント

図形分野は当校では頻出の問題です。この分野の問題は、言葉で説明しても理解しづらいでしょう。学習を始めたばかりの段階では、図形を回転させたり、複数の形を１つの図形に合成するといった操作を理解するところから始めましょう。具体的には、問題用紙を回転させたり、クリアファイルに図形を書き、選択肢に重ねて比べることで、回転した時の形が視覚的に理解しやすくなります。また、パズルなど、図形をお子さまの手で操作して組み合わせる遊びも有効です。実際の試験では、解答用紙を回転させたり、道具を使ったりせずに、頭の中で図形を動かす必要があります。試験本番までに練習を重ね、こうしたイメージを作り上げられるようにしてください。

【おすすめ問題集】
　Ｊｒ・ウォッチャー４「同図形探し」、46「回転図形」

問題47　分野：巧緻性（運筆）

〈準 備〉　クーピーペンシル

〈問 題〉　点線に沿って線を引いてください。

〈時 間〉　適宜

〈解 答〉　省略

[2017年度出題]

本問ではクーピーペンシルを使用しますが、それ以外にも鉛筆やクレヨン、サインペン、マジックペンなど、小学校受験で使われる筆記用具にはさまざまなものがあります。筆記用具によって線の太さや書きやすさなどの違いがあるので、お絵描き遊びなどを通して、さまざまな筆記用具に慣れておきましょう。線をなぞるという動作自体は難しいものではありませんが、簡単な動作だからこそ、ていねいな仕上がりが求められていると考えられます。点線の上からはみ出さないことは当然として、線の濃さを一定にする、直線は素早く真っすぐ引く、曲線は直線よりもゆっくり引いて線からはみ出さないといった工夫も加えると、筆記用具の使い方が上達します。

【おすすめ問題集】

Ｊｒ・ウォッチャー51「運筆①」、52「運筆②」

問題48　分野：制作（想像画）

〈準　備〉　クーピーペンシル、画用紙

〈問　題〉　**この問題の絵はありません。**
ドアの向こうで「ドンドン」と音がしています。ドアの向こうには何があるでしょう。渡した画用紙にその絵を描いてください。
（絵を描いている最中に、以下の質問をする）
何を描いていますか。お話してください。

〈時　間〉　適宜

〈解　答〉　省略

［2017年度出題］

 学習のポイント

制作する上での指示が抽象的なので、こうした問題としてはかなり難しい部類に入ります。この問題はテスターからの指示を聞いた後、絵を書くという流れなので、例が示された場合はその真似をせず、想像力を発揮して新しい絵を書くことが重要になるでしょう。当校ではこうした制作問題は、絵を描く問題のほかに、与えられた材料と道具を使い、指示されたものを制作する課題などもあります。いずれの場合も、一般的な家庭にある道具を使うので、それらを不自由なく使えるようにしてください。使い方を知っていれば、お子さまは自由に想像したものを表現することができます。その際の想像力は、お子さまの豊かな発想と日頃の遊びの中で培われるものです。なお、絵を描いている時に試験官から「何を描いていますか」と質問があったようです。聞かれて答えられないということはないでしょうが、もう一歩進めて、「わかるように説明する」というところまで準備しておく必要があります。

【おすすめ問題集】

Ｊｒ・ウォッチャー22「想像画」、24「絵画」

問題１７

②懸垂５秒間。

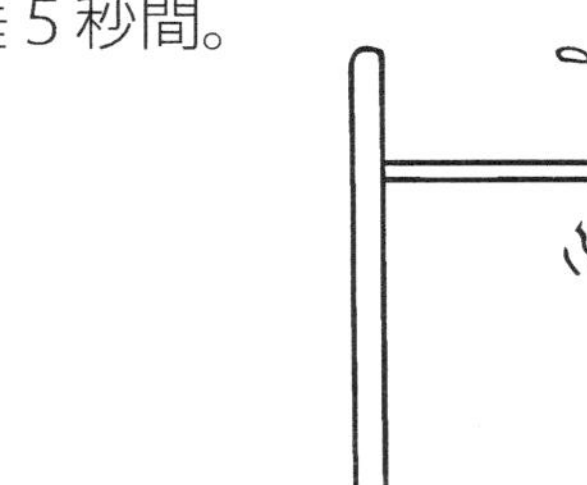

③遠投。

④向こう側のボールを１つ取って、こちら側のカゴに入れる。

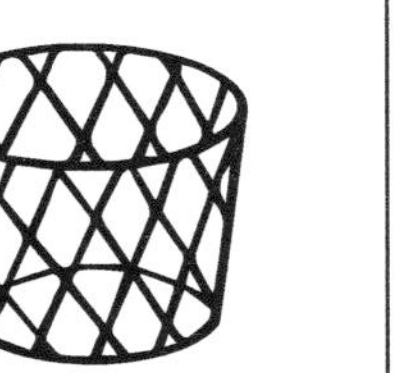

問題２０

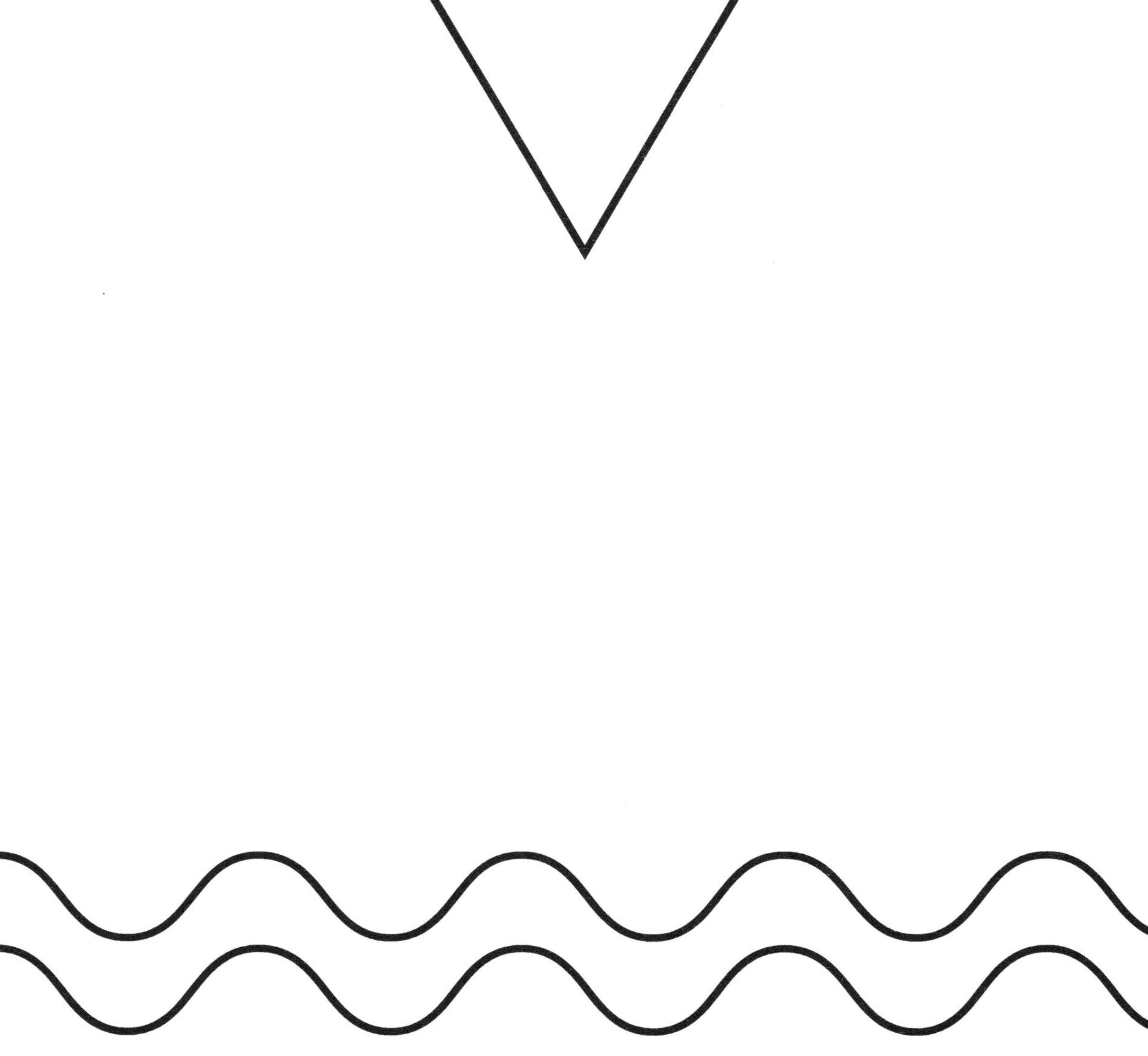

問題２１

問題２２

問題２３

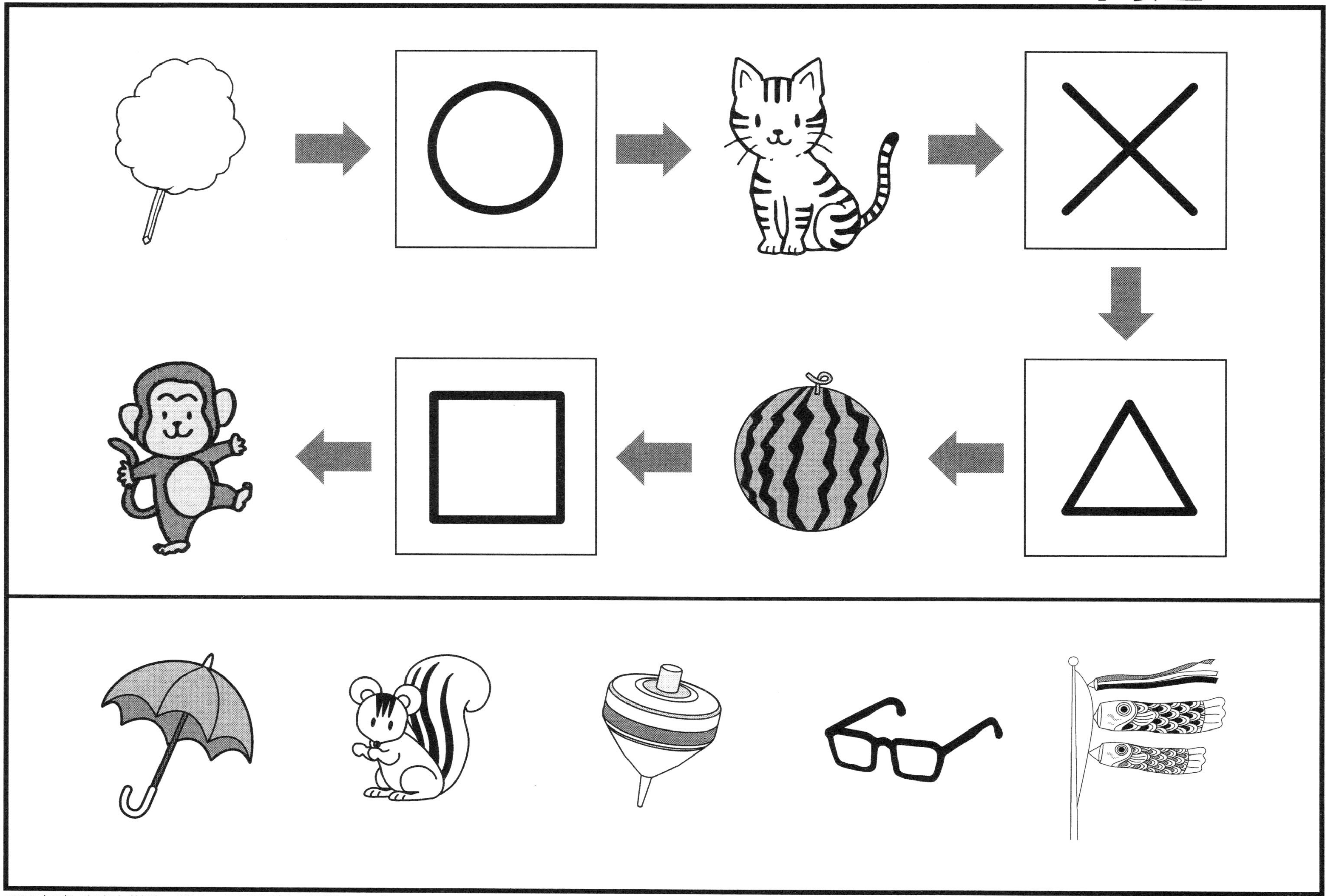

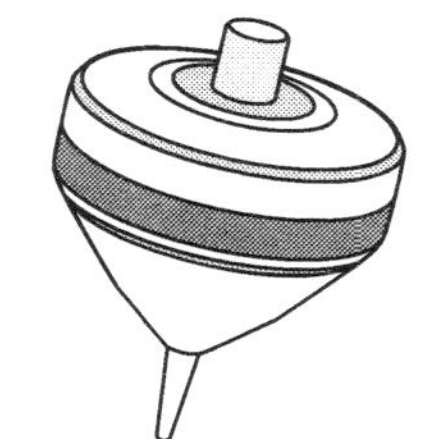

問題２４

①

②

③

④

問題２６

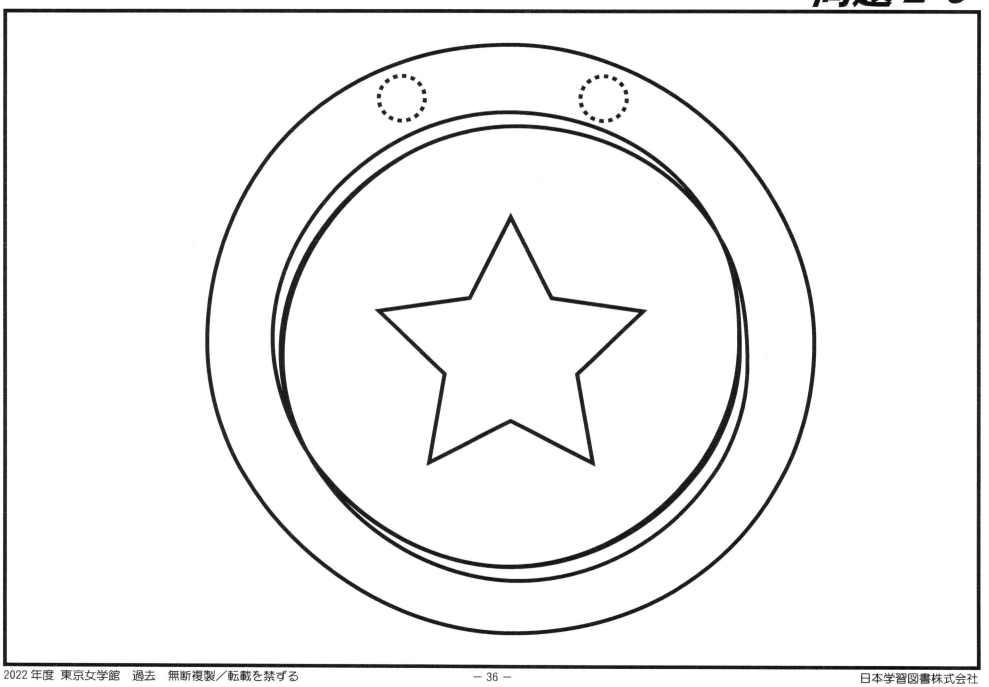

問題２７

問題２８

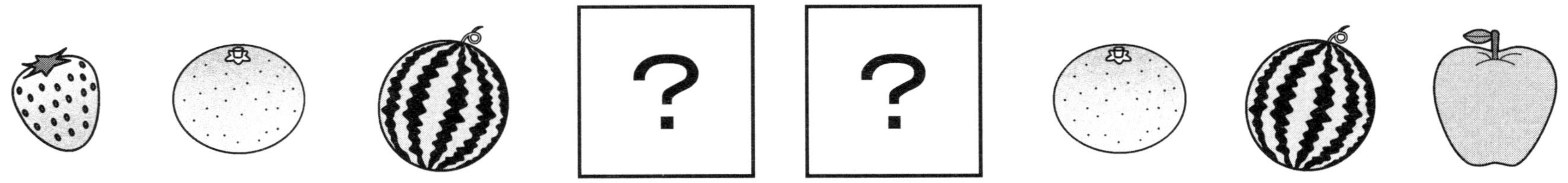

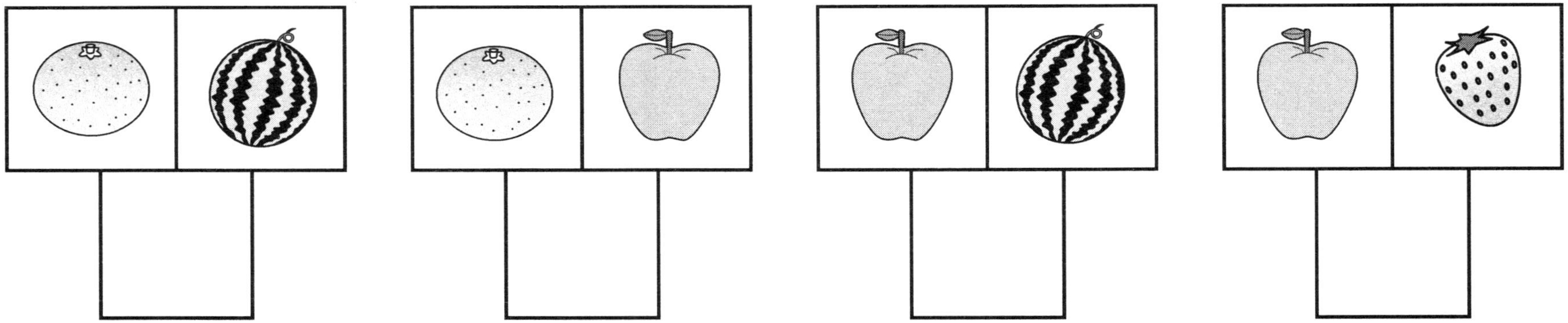

？ ？

問題２９

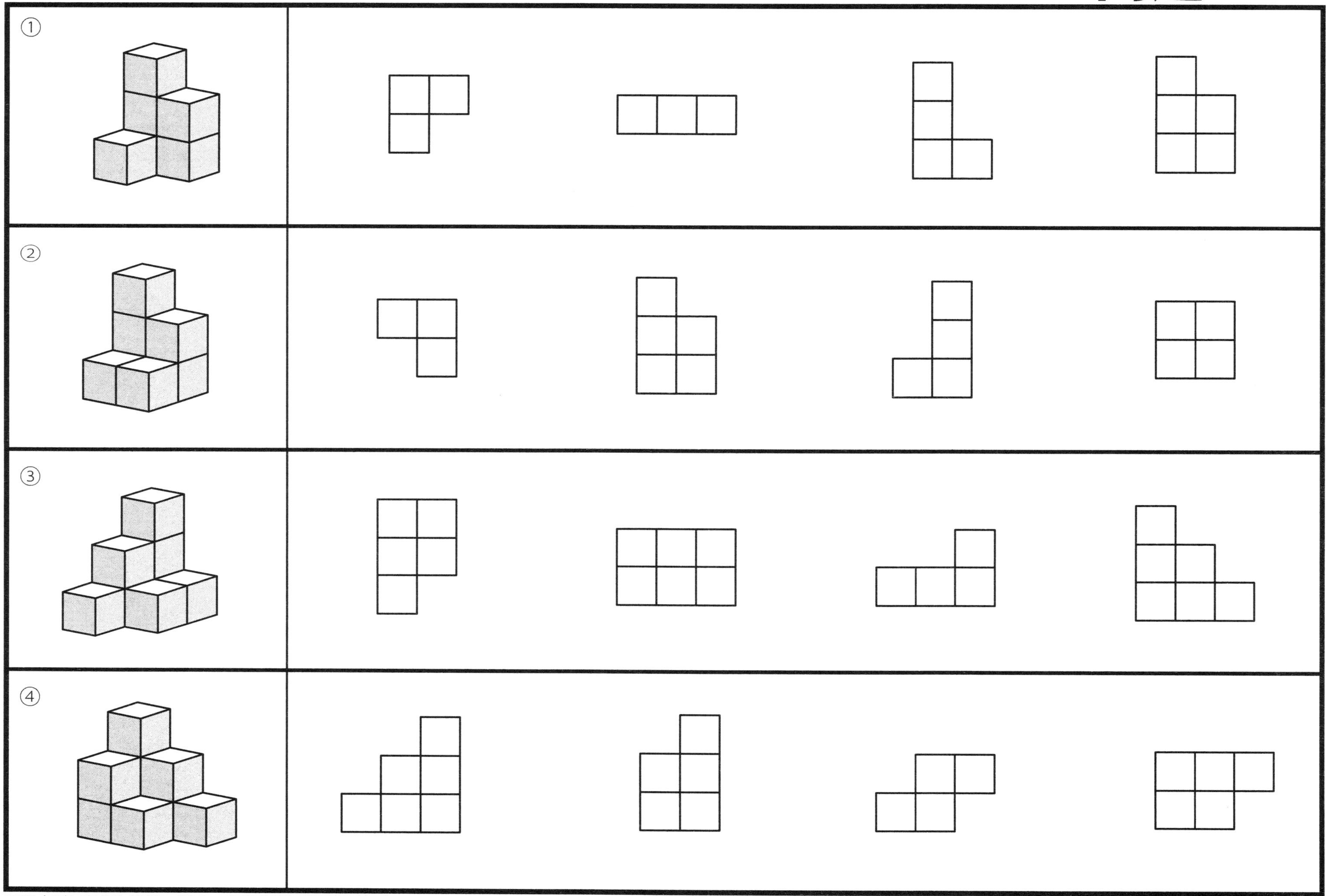

①

②

③

④

問題３０

問題３１

問題３２

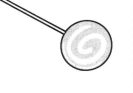

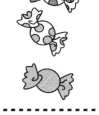

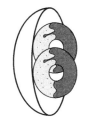

問題３３－１

問題３３－２

問題３４

①鉄棒にぶら下がる。

②壁の線の上にボールを投げる。

③クマ歩きとアザラシ歩きで往復する。

④同じ色のコーンに向かって走り、
スキップで戻ってくる。

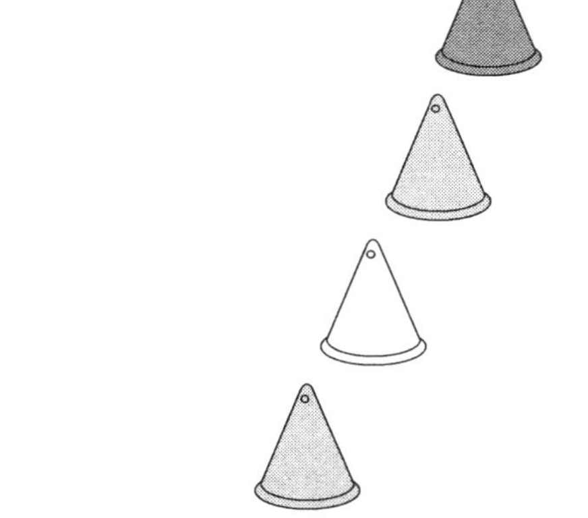
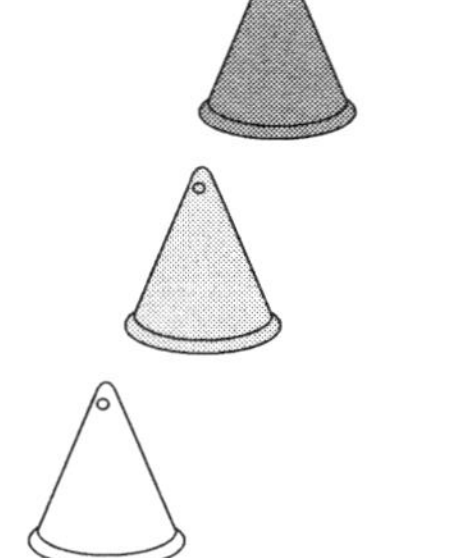

問題３５

日本学習図書株式会社

問題36－1

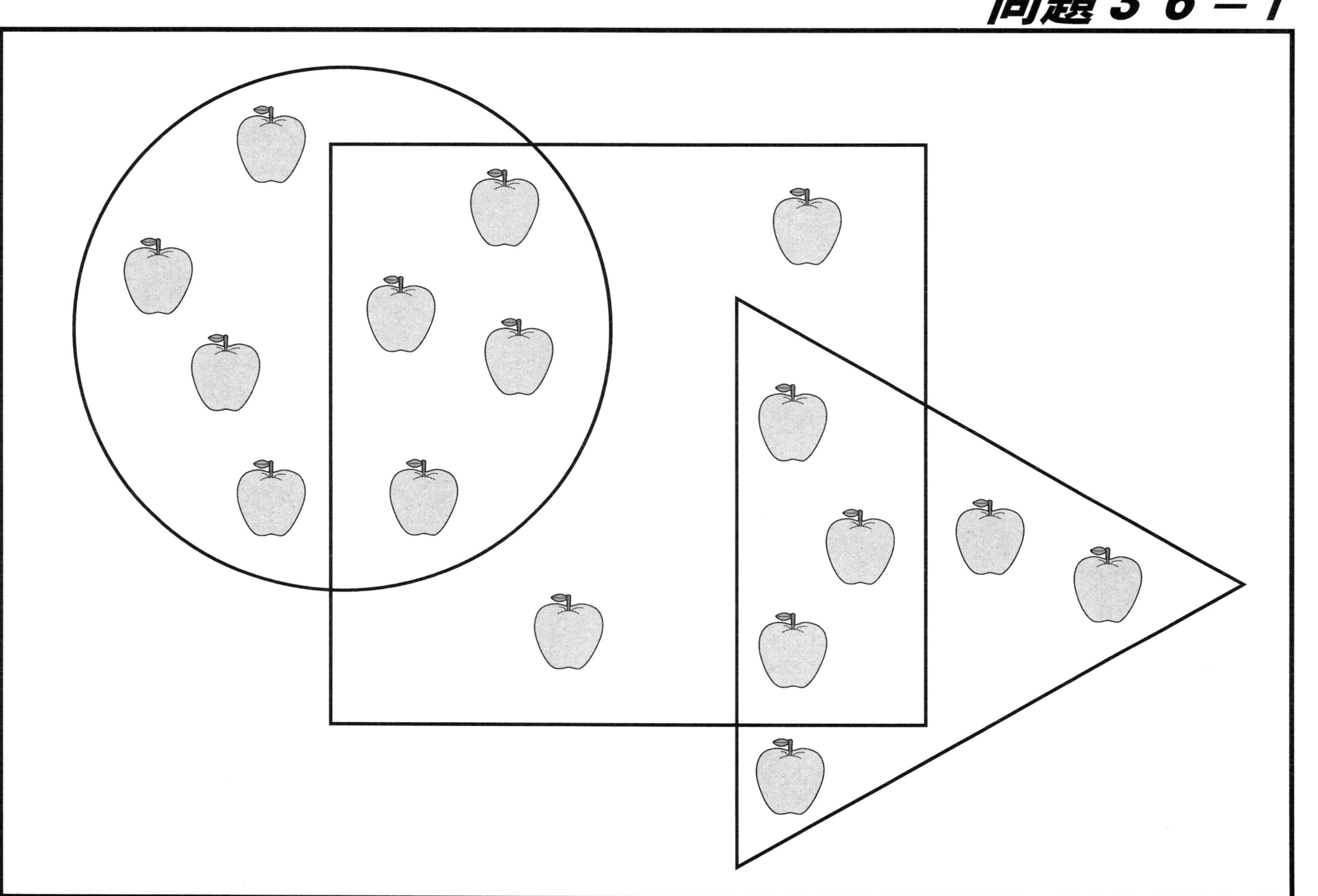

問題３６－２

①

②

③

日本学習図書株式会社

問題３７

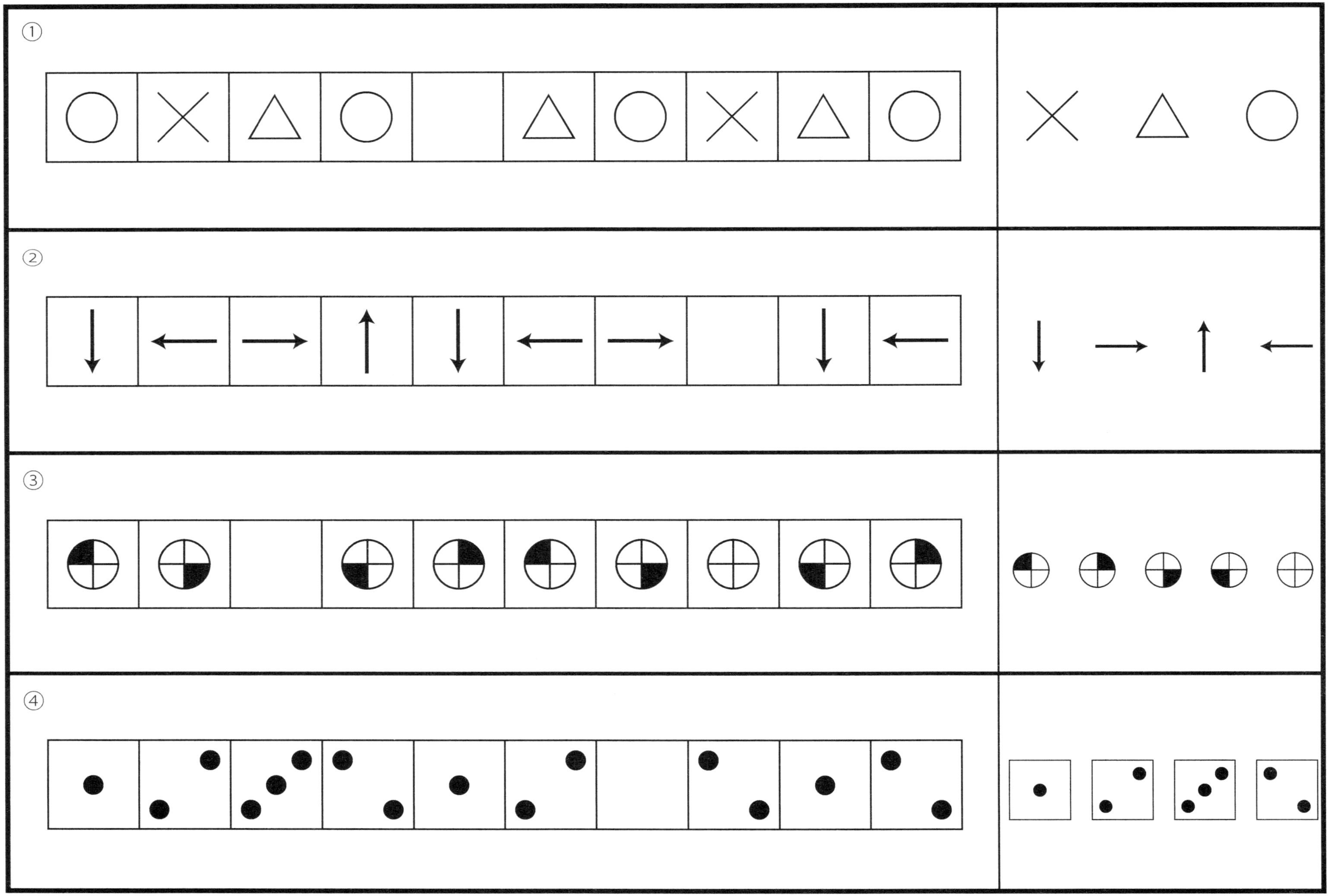

①

○	×	△	○		△	○	×	△	○

× △ ○

②

↓	←	→	↑	↓	←	→		↓	←

↓ → ↑ ←

③

④

問題３８

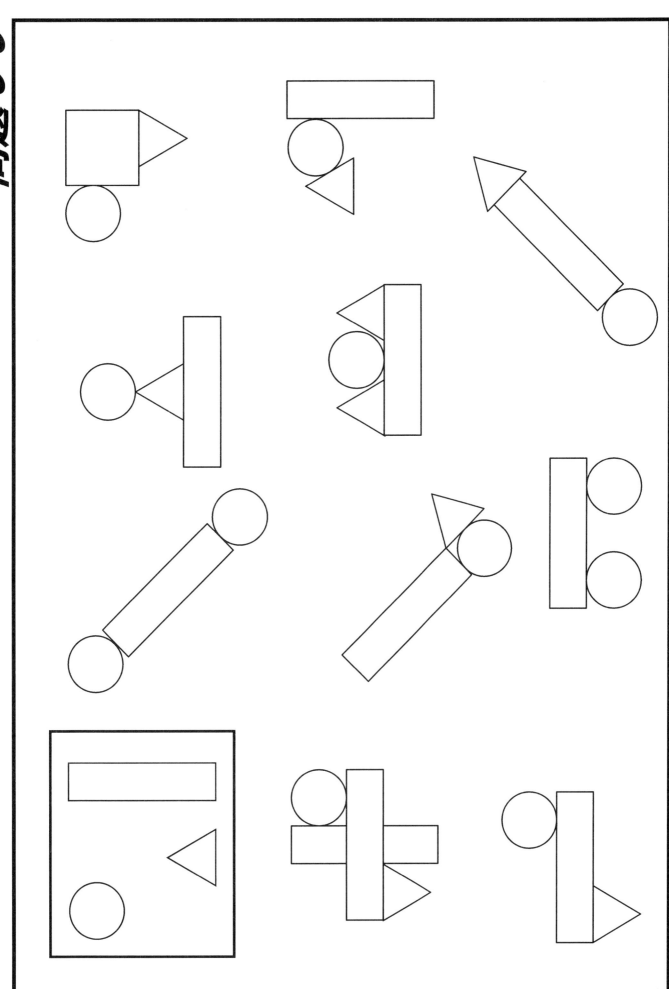

日本学習図書株式会社

問題３９

①

②

問題４０

問題４１

問題４３

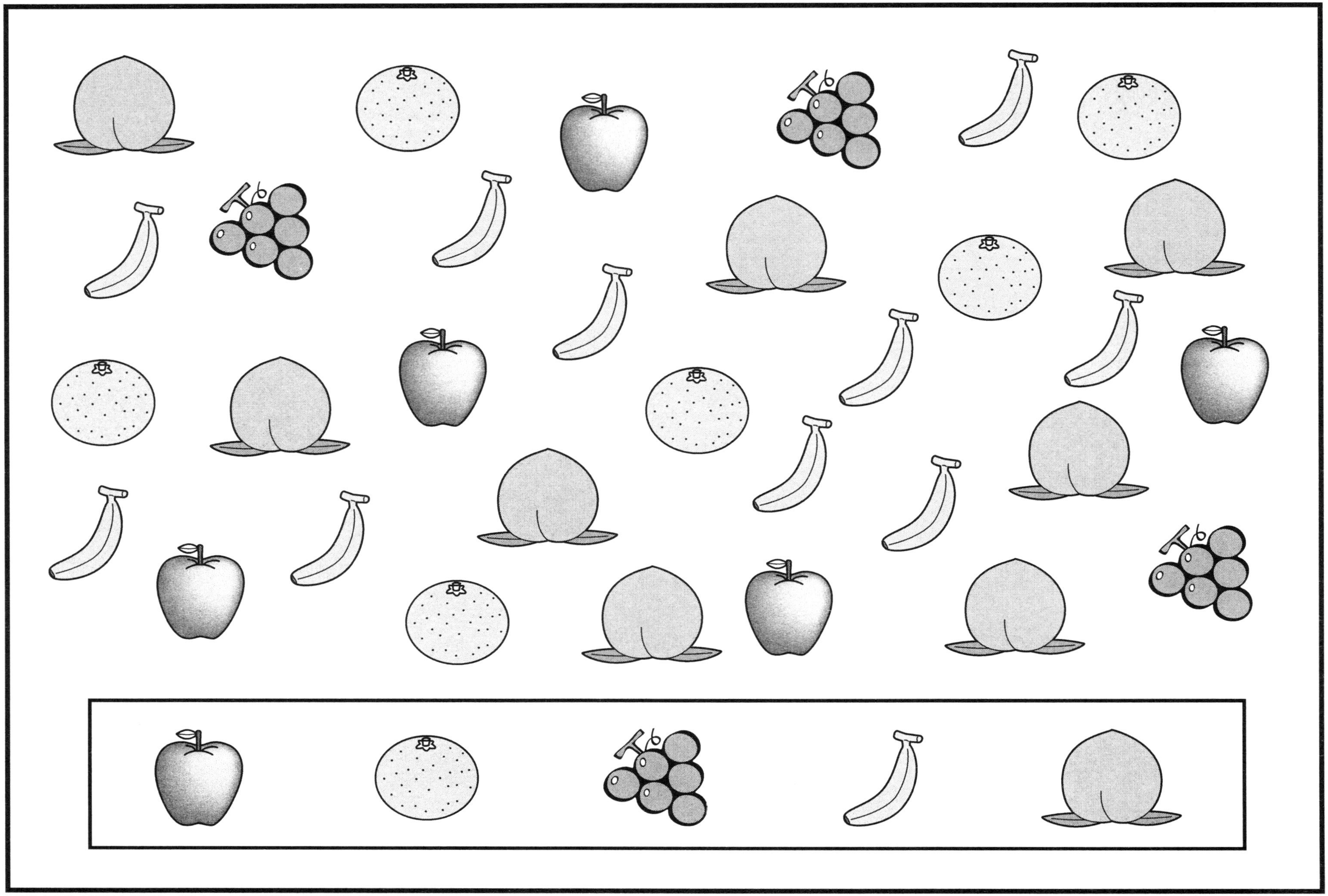

問題４５

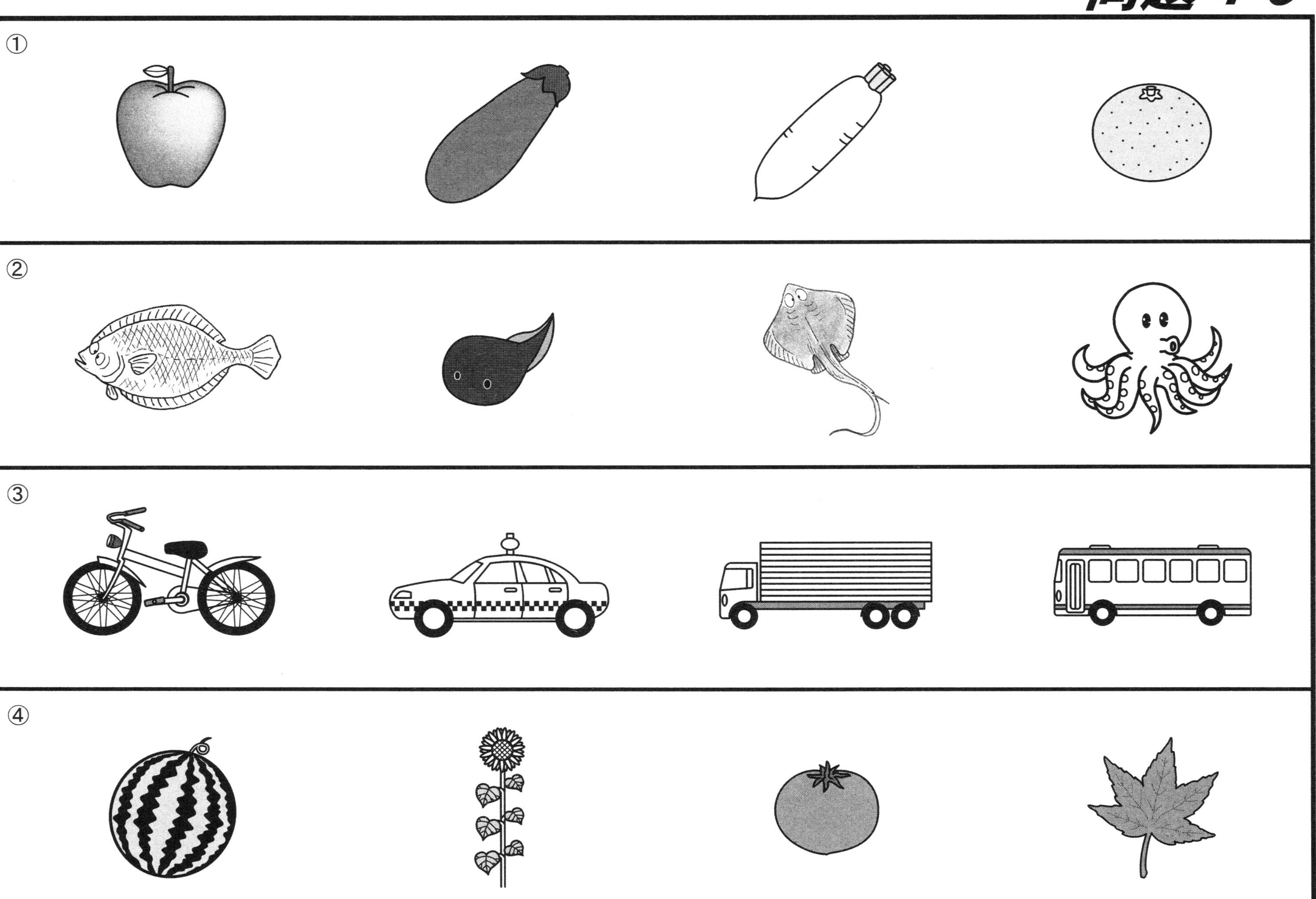

問題46

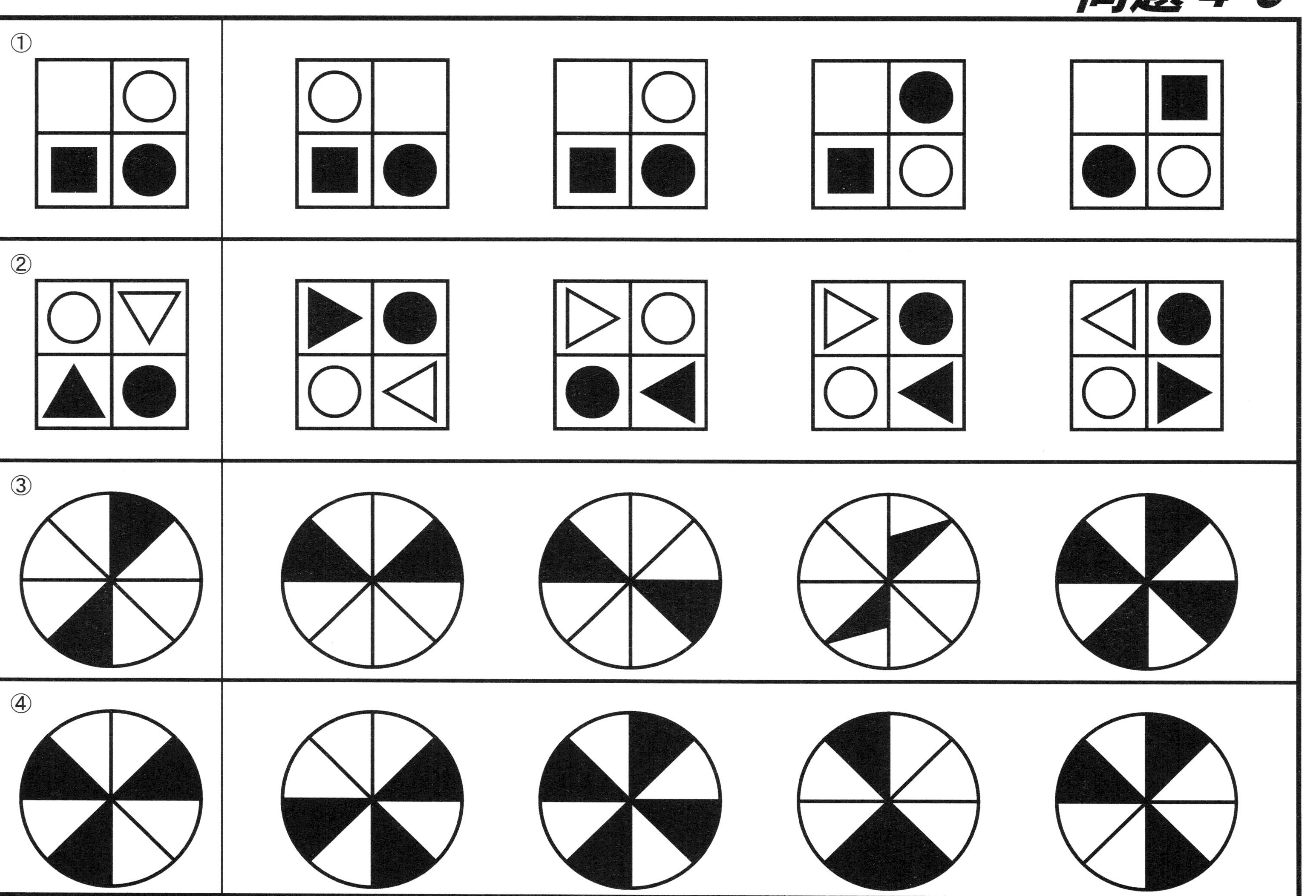

問題４７

図書カード 1000 円分プレゼント

ご記入日 令和　年　月　日

☆国・私立小学校受験アンケート☆

※可能な範囲でご記入下さい。選択肢は○で囲んで下さい。

〈小学校名〉＿＿＿＿＿＿＿＿　〈お子さまの性別〉男・女　〈誕生月〉＿＿月

〈その他の受験校〉（複数回答可）＿＿＿＿＿＿＿＿

〈受験日〉①：＿月＿日〈時間〉＿時＿分～＿時＿分

②：＿月＿日〈時間〉＿時＿分～＿時＿分

〈受験者数〉男女計＿＿名（男子＿＿名　女子＿＿名）

〈お子さまの服装〉＿＿＿＿＿＿＿＿

〈入試全体の流れ〉（記入例）準備体操→行動観察→ペーパーテスト

＿＿＿＿＿＿＿＿

Eメールによる情報提供

日本学習図書では、Eメールでも入試情報を募集しております。

下記のアドレスに、アンケートの内容をご入力の上、メールをお送り下さい。

ojuken@nichigaku.jp

●行動観察　（例）好きなおもちゃで遊ぶ・グループで協力するゲームなど

〈実施日〉＿月＿日〈時間〉＿時＿分～＿時＿分〈着替え〉□有 □無

〈出題方法〉□肉声 □録音 □その他（　　　）〈お手本〉□有 □無

〈試験形態〉□個別 □集団（　　人程度）

〈会場図〉

〈内容〉

□自由遊び

＿＿＿＿＿＿＿＿

□グループ活動

＿＿＿＿＿＿＿＿

□その他

＿＿＿＿＿＿＿＿

●運動テスト（有・無）　（例）跳び箱・チームでの競争など

〈実施日〉＿月＿日〈時間〉＿時＿分～＿時＿分〈着替え〉□有 □無

〈出題方法〉□肉声 □録音 □その他（　　　）〈お手本〉□有 □無

〈試験形態〉□個別 □集団（　　人程度）

〈会場図〉

〈内容〉

□サーキット運動

□走り □跳び箱 □平均台 □ゴム跳び

□マット運動 □ボール運動 □なわ跳び

□クマ歩き

□グループ活動＿＿＿＿＿＿＿＿

□その他＿＿＿＿＿＿＿＿

●知能テスト・口頭試問

〈実施日〉 ＿＿月＿＿日 〈時間〉 ＿＿時＿＿分 ～ ＿＿時＿＿分 〈お手本〉□有 □無

〈出題方法〉 □肉声 □録音 □その他（　　　　　） 〈問題数〉 ＿＿枚 ＿＿問

分野	方法	内容	詳細・イラスト
（例） お話の記憶	☑筆記 □口頭	動物たちが待ち合わせをする話	（あらすじ） 動物たちが待ち合わせをした。最初にウサギさんが来た。次にイヌくんが、その次にネコさんが来た。最後にタヌキくんが来た。 （問題・イラスト） ３番目に来た動物は誰か
お話の記憶	□筆記 □口頭		（あらすじ） （問題・イラスト）
図形	□筆記 □口頭		
言語	□筆記 □口頭		
常識	□筆記 □口頭		
数量	□筆記 □口頭		
推理	□筆記 □口頭		
その他	□筆記 □口頭		

日本学習図書株式会社

●制作　（例）ぬり絵・お絵かき・工作遊びなど

〈実施日〉　　月　　日〈時間〉　　時　　分　～　　時　　分

〈出題方法〉 □肉声 □録音 □その他（　　　　　）〈お手本〉□有 □無

〈試験形態〉 □個別 □集団（　　　人程度）

材料・道具	制作内容
□ハサミ □のり（□つぼ □液体 □スティック） □セロハンテープ □鉛筆 □クレヨン（　色） □クーピーペン（　色） □サインペン（　色）□ □画用紙（□ A4 □ B4 □ A3 　□その他：　　　　） □折り紙 □新聞紙 □粘土 □その他（　　　　）	□切る □貼る □塗る □ちぎる □結ぶ □描く □その他（　　　） タイトル：＿＿＿＿＿＿＿＿＿＿

●面接

〈実施日〉　　月　　日〈時間〉　　時　　分　～　　時　　分〈面接担当者〉＿＿名

〈試験形態〉□志願者のみ（　　）名 □保護者のみ □親子同時 □親子別々

〈質問内容〉

□志望動機　□お子さまの様子

□家庭の教育方針

□志望校についての知識・理解

□その他（　　　　　　　　）

（　詳　細　）

・

・

・

・

※試験会場の様子をご記入下さい。

例
校長先生　教頭先生
父　子　母
出入口

●保護者作文・アンケートの提出（有・無）

〈提出日〉 □面接直前 □出願時 □志願者考査中 □その他（　　　　　）

〈下書き〉 □有 □無

〈アンケート内容〉

（記入例）当校を志望した理由はなんですか（150 字）

●説明会（□有　□無）〈開催日〉　月　日〈時間〉　時　分　～　時　分
〈上履き〉□要　□不要〈願書配布〉□有　□無〈校舎見学〉□有　□無
〈ご感想〉

●参加された学校行事（複数回答可）
公開授業〈開催日〉　月　日〈時間〉　時　分　～　時　分
運動会など〈開催日〉　月　日〈時間〉　時　分　～　時　分
学習発表会・音楽会など〈開催日〉　月　日〈時間〉　時　分　～　時　分
〈ご感想〉
※是非参加したほうがよいと感じた行事について

●受験を終えてのご感想、今後受験される方へのアドバイス
※対策学習（重点的に学習しておいた方がよい分野）、当日準備しておいたほうがよい物など

＊＊＊＊＊＊＊＊＊＊＊＊　ご記入ありがとうございました　＊＊＊＊＊＊＊＊＊＊＊＊

必要事項をご記入の上、ポストにご投函ください。

なお、本アンケートの送付期限は入試終了後３ヶ月とさせていただきます。また、入試に関する情報の記入量が当社の基準に満たない場合、謝礼の送付ができないことがございます。あらかじめご了承ください。

ご住所：〒

お名前：　　メール：

ＴＥＬ：　　ＦＡＸ：

アンケートのご記入ありがとうございました

ご記入頂いた個人に関する情報は、当社にて厳重に管理致します。弊社の個人情報取り扱いに関する詳細は、www.nichigaku.jp/policy.php の「個人情報の取り扱い」をご覧下さい。

分野別 小学入試練習帳 ジュニアウォッチャー

1. 点・線図形	小学校入試で出題頻度の高い『点・線図形』の模写を、難易度の低いものから段階別に幅広く練習することができるように構成。
2. 座標	図形の位置模写という作業を、難易度の低いものから段階別に練習できるように構成。
3. パズル	様々なパズルの問題を難易度の低いものから段階別に練習できるように構成。
4. 同図形探し	小学校入試で出題頻度の高い、同図形選びの問題を繰り返し練習できるように構成。
5. 回転・展開	図形などを回転、または展開したとき、形がどのように変化するかを学習し、理解を深められるように構成。
6. 系列	数、図形などの様々な系列問題を、難易度の低いものから段階別に練習できるように構成。
7. 迷路	迷路の問題を繰り返し練習できるように構成。
8. 対称	対称に関する問題を4つのテーマに分類し、各テーマごとに問題を段階別に練習できるように構成。
9. 合成	図形の合成に関する問題を、難易度の低いものから段階別に練習できるように構成。
10. 四方からの観察	もの（立体）を様々な角度から見て、どのように見えるかを推理する問題を段階別に整理し、1つの形式で複数の問題を練習できるように構成。
11. いろいろな仲間	ものや動物、植物の共通点を見つけ、分類していく問題を中心に構成。
12. 日常生活	日常生活における様々な問題を6つのテーマに分類し、各テーマごとに一つの問題形式で複数の問題を練習できるように構成。
13. 時間の流れ	『時間』に着目し、様々なものごとは、時間が経過するとどのように変化するのかということを学習し、理解できるように構成。
14. 数える	様々なものを『数える』ことから、数の多少の判定やかけ算、わり算の基礎までを練習できるように構成。
15. 比較	比較に関する問題を5つのテーマ（数、高さ、長さ、量、重さ）に分類し、各テーマごとに問題を段階別に練習できるように構成。
16. 積み木	数える対象を積み木に限定した問題集。
17. 言葉の音遊び	言葉の音に関する問題を5つのテーマに分類し、各テーマごとに問題を段階別に練習できるように構成。
18. いろいろな言葉	表現力をより豊かにするいろいろな言葉として、擬態語や擬声語、同音異義語、反意語、数詞を取り上げた問題集。
19. お話の記憶	お話を聴いてその内容を記憶、理解し、設問に答える形式の問題集。
20. 見る記憶・聴く記憶	「見て憶える」「聴いて憶える」という『記憶』分野に特化した問題集。
21. お話作り	いくつかの絵を元にしてお話を作る練習をして、想像力を養うことができるように構成。
22. 想像画	描かれてある形や景色に好きな絵を描くことにより、想像力を養うことができるように構成。
23. 切る・貼る・塗る	小学校入試で出題頻度の高い、はさみやのりなどを用いた巧緻性の問題を繰り返し練習できるように構成。
24• 絵画	小学校入試で出題頻度の高い、お絵かきやぬり絵などクレヨンやクーピーペンを用いた巧緻性の問題を繰り返し練習できるように構成。
25. 生活巧緻性	小学校入試で出題頻度の高い日常生活の様々な場面における巧緻性の問題集。
26. 文字・数字	ひらがなの清音、濁音、拗音、拗長音、促音と1～20までの数字に焦点を絞り、練習できるように構成。
27. 理科	小学校入試で出題頻度が高くなりつつある理科の問題を集めた問題集。
28. 運動	出題頻度の高い運動問題を種目別に分けて構成。
29. 行動観察	項目ごとに問題提起をし、「このような時はどうか、あるいはどう対処するのか」の観点から問いかける形式の問題集。
30. 生活習慣	学校から家庭に提起された問題と思って、一問一問絵を見ながら話し合い、考える形式の問題集。
31. 推理思考	数、量、言語、常識（含理科、一般）など、諸々のジャンルから問題を構成し、近年の小学校入試問題傾向に沿って構成。
32. ブラックボックス	箱や筒の中を通ると、どのようなお約束でどのように変化するかを推理・思考する問題集。
33. シーソー	重さの違うものをシーソーに乗せた時どちらに傾くのか、またどうすればシーソーは釣り合うのかを思考する基礎的な問題集。
34. 季節	様々な行事や植物などを季節別に分類できるように知識をつける問題集。
35. 重ね図形	小学校入試で頻繁に出題されている「図形を重ね合わせてできる形」についての問題を集めました。
36. 同数発見	様々な物を数え「同じ数」を発見し、数の多少の判断や数の認識の基礎を学べるように構成した問題集。
37. 選んで数える	数の学習の基本となる、いろいろなものの数を正しく数える学習を行う問題集。
38. たし算・ひき算1	数字を使わず、たし算とひき算の基礎を身につけるための問題集。
39. たし算・ひき算2	数字を使わず、たし算とひき算の基礎を身につけるための問題集。
40. 数を分ける	数を等しく分ける問題です。等しく分けたときに余りが出るものもあります。
41. 数の構成	ある数がどのような数で構成されているか学んでいきます。
42. 一対多の対応	一対一の対応から、一対多の対応まで、かけ算の考え方の基礎学習を行います。
43. 数のやりとり	あげたり、もらったり、数の変化をしっかりと学びます。
44. 見えない数	指定された条件から数を導き出します。
45. 図形分割	図形の分割に関する問題集。パズルや合成の分野にも通じる様々な問題を集めました。
46. 回転図形	「回転図形」に関する問題集。やさしい問題から始め、いくつかの代表的なパターンから、段階を踏んで学習できるよう編集されています。
47. 座標の移動	「マス目の指示通りに移動する問題」と「指示された数だけ移動する問題」を収録。
48. 鏡図形	鏡で左右反転させた時の見え方を考えます。平面図形から立体図形、文字、絵まで。
49. しりとり	すべての学習の基礎となる「言葉」を学ぶこと、特に「語彙」を増やすことに重点をおき、さまざまなタイプの「しりとり」問題を集めました。
50. 観覧車	観覧車やメリーゴーラウンドなどを舞台にした「回転系列」の問題集。「推理思考」分野の問題ですが、要素として「図形」や「数量」も含みます。
51. 運筆①	鉛筆の持ち方を学び、点線なぞり、お手本を見ながらの模写で、線を引く練習をします。
52. 運筆②	運筆①からさらに発展し、「欠所補完」や「迷路」などを楽しみながら、より複雑な鉛筆運びを習得することを目指します。
53. 四方からの観察 積み木編	積み木を使用した「四方からの観察」に関する問題を練習できるように構成。
54. 図形の構成	見本の図形がどのような部分によって形づくられているかを考えます。
55. 理科②	理科的知識に関する問題を集中して練習する「常識」分野の問題集。
56. マナーとルール	道路や駅、公共の場でのマナー、安全や衛生に関する常識を学べるように構成。
57. 置き換え	さまざまな具体的・抽象的事象を記号で表す「置き換え」の問題を扱います。
58. 比較②	長さ・高さ・体積・数などを数学的な知識を使わず、論理的に推測する「比較」の問題を練習できるように構成。
59. 欠所補完	線と線のつながり、欠けた絵に当てはまるものなどを求める「欠所補完」に取り組める問題集です。
60. 言葉の音（おん）	しりとり、決まった順番の音をつなげるなど、「言葉の音」に関する問題に取り組める練習問題集です。

『読み聞かせ』×『質問』＝『聞く力』

お話の記憶の練習に最適

1話5分の 読み聞かせお話集①②

「アラビアン・ナイト」「アンデルセン童話」「イソップ寓話」「グリム童話」、日本や各国の民話、昔話、偉人伝の中から、教育的な物語や、過去に小学校入試でも出題された有名なお話を中心に掲載。お話ごとに、内容に関連したお子さまへの質問も掲載しています。「読み聞かせ」を通して、お子さまの『聞く力』を伸ばすことを目指します。　①巻・②巻　各48話

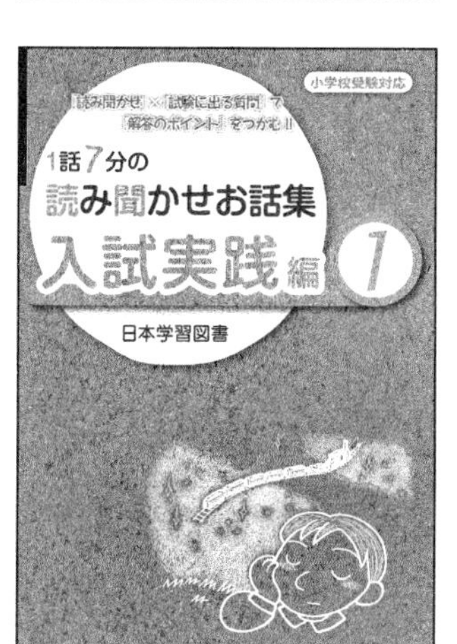

1話7分の読み聞かせお話集 入試実践編①

国立・私立小学校受験対応

最長1,700文字の長文のお話を掲載。有名でない＝「聞いたことのない」お話を聞くことで、『集中力』のアップを目指します。設問も、実際の試験を意識した設問としています。ペーパーテスト実施校の多くが「お話の記憶」の問題を出題します。毎日の「読み聞かせ」と「試験に出る質問」で、「解答のポイント」をつかんで臨みましょう！　50話収録

ニチガクの この5冊で受験準備も万全！

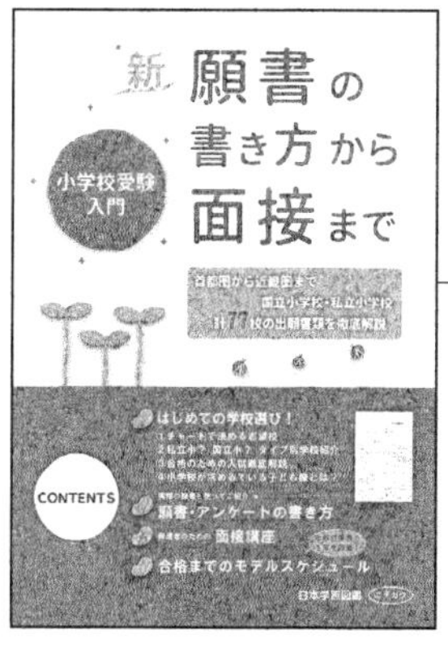

小学校受験入門 願書の書き方から面接まで リニューアル版

主要私立・国立小学校の願書・面接内容を中心に、学校選びや入試の分野傾向、服装コーディネート、持ち物リストなども網羅し、受験準備全体をサポートします。

小学校受験で 知っておくべき 125のこと

小学校受験の基本から怪しい「ウワサ」まで、保護者の方々からの 125 の質問にていねいに解答。目からウロコのお受験本。

新　小学校受験の 入試面接Q＆A リニューアル版

過去十数年に遡り、面接での質問内容を網羅。小学校別、父親・母親・志願者別、さらに学校のこと・志望動機・お子さまについてなど分野ごとに模範解答例やアドバイスを掲載。

新　願書・アンケート 文例集 500 リニューアル版

有名私立小、難関国立小の願書やアンケートに記入するための適切な文例を、質問の項目別に収録。合格を掴むためのヒントが満載！願書を書く前に、ぜひ一度お読みください。

小学校受験に関する 保護者の悩みQ＆A

保護者の方約 1,000 人に、学習・生活・躾に関する悩みや問題を取材。その中から厳選した 200 例以上の悩みに、「ふだんの生活」と「入試直前」のアドバイス２本立てで悩みを解決。

日本学習図書株式会社

家庭学習をトータルサポート！ ニチガクの オリジナル 効果的 学習法

1 まずは アドバイスページを読む！

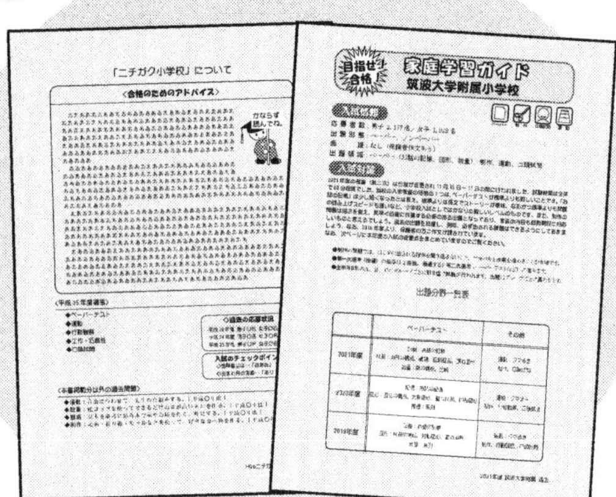

対策や試験ポイントがぎっしりつまった「家庭学習ガイド」。分野アイコンで、試験の傾向をおさえよう！

2 問題をすべて読み、出題傾向を把握する

3 「学習のポイント」で学校側の観点や問題の解説を熟読

4 はじめて過去問題にチャレンジ！

5 プラスα 対策問題集や類題で力を付ける

過去問のこだわり

ピンク色です

最新問題は問題ページ、イラストページ、解答・解説ページが独立しており、お子さまにすぐに取り掛かっていただける作りになっています。
ニチガクの学校別問題集ならではの、学習法を含めたアドバイスを利用して効率のよい家庭学習を進めてください。

各問題のジャンル

問題7 分野：図形（図形の構成） Aグループ男子

〈解答〉 下図参照

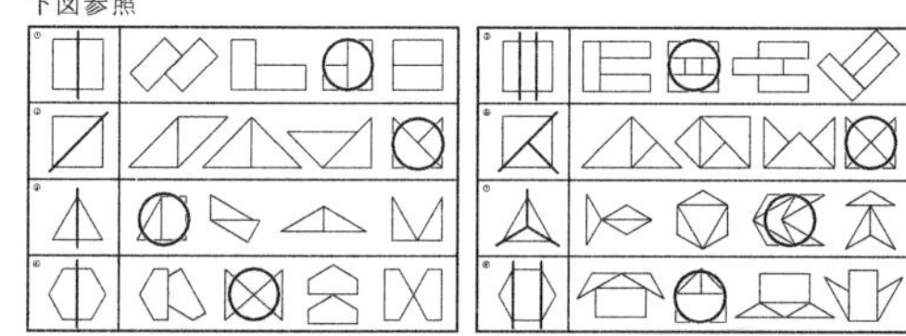

図形の構成の問題です。解答時間が圧倒的に短いので、直感的に答えないと全問答えることはできないでしょう。例年ほど難しい問題ではないので、ある程度準備をしたお子さまなら可能のはずです。注意すべきなのはケアレスミスで、「できないものはどれですか」と聞かれているのに、できるものに○をしたりしてはおしまいです。こういった問題では基礎とも言える問題なので、もしわからなかった場合は基礎問題を分野別の問題集などでおさらいしておきましょう。

【おすすめ問題集】
★筑波大附属小学校図形攻略問題集①②★（書店では販売しておりません）
Jr・ウォッチャー9「合成」、54「図形の構成」

学習のポイント

各問題の解説や学校の観点、指導のポイントなどを教えます。
今日から保護者の方が家庭学習の先生に！

おすすめ対策問題集

分野ごとに対策問題集をご紹介。苦手分野の克服に最適です！
＊専用注文書付き。

2022年度版 東京女学館小学校 過去問題集

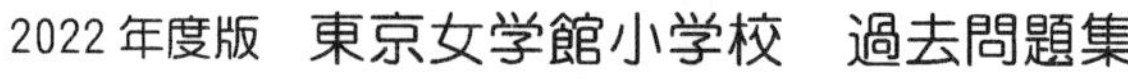

発行日 2021年9月16日
発行所 〒162-0821 東京都新宿区津久戸町 3-11-9F
日本学習図書株式会社
電 話 03-5261-8951 ㈹

ISBN978-4-7761-5349-8
C6037 ￥2000E
定価 2,200円
(本体 2,000円＋税 10%)

9784776153498

1926037020004

詳細は http://www.nichigaku.jp 日本学習図書 検索